AF576355

Hermann Hesse
La présence d'Hermès

Approches littéraires
Collection dirigée par Maguy Albet

Dernières parutions

Magda IBRAHIM, *Le personnage de Charlotte dans* Le Testament français *(1995) d'Andreï Makine*, 2015.
Claire CARLUT, *Entre Poésie et Philosophie : l'œuvre de Christian Bobin*, 2015.
Jean-Philippe PETTINOTTO, *À Marguerite Duras : L'écriture comme un fleuve asiatique, Représentation narrative de la vie familiale dans les œuvres de l'auteur*, 2015.
Petra KUBÍNYIOVÁ, *À la recherche de l'identité dans l'œuvre de Frédérick Tristan*, 2015.
Ramona MIELUSEL, *Langue, espace et (re)composition identitaire dans les œuvres de Mehdi Charef, Tony Gatlif et Farid Boudjellal*, 2015.
Rafik DARRAGI, *Hédi Bouraoui. La parole autre. L'homme et l'œuvre*, 2015.
Youssef ABOUALI, *Yasmina Khadra ou la recherche de la vérite,* 2013.
Zohir EL MOSTAFA, *Hommages à Driss Chraibi,* 2013.
Mokhtar ATALLAH, *Études littéraires algériennes*, 2012.
Sous la direction de Mokhtar ATALLAH, *Le Culte du Moi dans la littérature francophone,* 2012.
CALISTO, *Lou Andreas-Salomé ou le paradoxe de l'écriture de soi,* 2012.
Florence CHARRIER, *Le Procès de l'excès chez Queneau et Bataille*, 2012.
Mansour DRAME, *Poésie de la négritude*, 2012.
Mamadou Abdoulaye LY, *La Théâtralité dans les romans d'André Malraux*, 2012.
Dominique VAL-ZIENTA, Les Misérables*, l'Évangile selon « saint Hugo » ?*, 2012.
Yannick TORLINI, *Ghérasim Luca, le poète de la voix*, 2011.

Claude Herzfeld

Herman Hesse

La présence d'Hermès

Ouvrages du même auteur

*Alain-Fournier, « Le Grand Meaulnes »,*Nizet, 1976.
Le « Dominique » de Fromentin, Thèmes et structure, 1977.
« La Montagne magique », Facettes et fissures, 1977.
Alain-Fournier, *Le Grand Meaulnes*, édition critique, 1983.
*Les Formes de la rêverie dans l'œuvre d'Alain-Fournier. *Visage du « Grand Meaulnes » et figure du Trismégiste.* P.U. du Septentrion, Villeneuve d'Ascq, 1986.
*La Figure de Méduse dans l'œuvre d'Octave Mirbeau,*1992.
Mystères d'Alain-Fournier, Actes du colloque de Cerisy.
Le Monde imaginaire d'Octave Mirbeau, P.U. d'Angers- Société Octave Mirbeau, 2001.
La Littérature, dernier refuge du mythe ? L'Harmattan, 2007.
Jean Rouaud et le « trésor des humbles », L'Harmattan, 2007.
Les Problèmes de la jeunesse selon « L'Education sentimentale », L'Harmattan, 2008.
«L'Education sentimentale ». Minutie et intensité. L'Harmattan, 2008.
Vers « Le Grand Meaulnes ». L'Harmattan. 2008.
Octave Mirbeau, « Le Calvaire », étude du roman. L'Harmattan, 2008.
Octave Mirbeau, aspects de la vie et de l'œuvre. L'Harmattan, 2008.
Julien Gracq, préférences médiévales. L'Harmattan, 2008.
Georges Hyvernaud, les ressentiments fraternels. 2009
Charles-Louis Philippe entre Nietzsche et Dostoïevski. 2009.
*Paul Nizan, écrivain en liberté surveillé*e, 2010.
Thomas Mann et le mythe de Faust, L'Harmattan, 2011.
« Félix Krull », roman picaresque. L'Harmattan, 2011.
« Les Buddenbrook »,déclin et épanouissement. 2011.
Stendhal, « La Chartreuse de Parme ». Héroïsme et intimité. 2012.
Gérard de Nerval. L'Épanouissement du rêve. 2012.
Alain-Fournier, « Le Grand Meaulnes » ou le « bond dans le Paradis. 2013.
Imaginaire et politique. L'Harmattan, 2014
Le Grand Meaulnes. Thèmes et variations. L'Harmattan, 2014.

5-7, rue de l'Ecole-Polytechnique, 75005 Paris

http://www.harmattan.fr
diffusion.harmattan@wanadoo.fr
harmattan1@wanadoo.fr

ISBN : 978-2-343-06850-3
EAN : 9782343068503

À la mémoire de ma mère
Jeanne Herzfeld-Rose

Bien préférable est le contraire de cette agitation fébrile et de cette chasse perpétuelle, c'est-à-dire le commerce continuel avec les œuvres d'un même auteur, de la même époque, de la même école !

(M.L. 39)

MISE AU POINT

Entrée dans « une zone de haute pression imaginaire » (Gilbert Durand), notre société a dû se rendre à l'évidence ; la raison scientifique n'est qu'un département de l'imaginaire, un régime de son fonctionnement : le régime diurne.

Après des siècles d'iconoclastie de la pensée occidentale, la réhabilitation de l'imaginaire constitue une révolution ou, tout bonnement, la reconnaissance que perdure, chez l'homme moderne, l'archaïque.

On revient à une situation où image et concept faisaient bon ménage jusqu'au départ définitif d'Ibn 'Arabi de Cordoue pour l'Orient (cf. Henry Corbin), le philosophe s'étant rendu suspect aux yeux des autorités de la religion légalitaire et de leur littéralisme. (cf. Gilbert Durand, *Introduction à la mythodologie*, Albin Michel, 1996)

Pendant longtemps, l'imagination a été valorisée négativement en tant que synonyme de « folle du logis » (Malebranche).

Aujourd'hui, le réel est une notion insaisissable : nous ne connaissons que des représentations à travers des systèmes symboliques (cf. *Introduction aux méthodologies de l'imaginaire*, sous la direction de Joël Thomas, Ellipses, Paris, 1998).

G. Durand, définissant « l'appareil symbolique », distingue trois catégories : le schème lié aux réflexes dominants (position, nutrition, activité rythmique), les images épithétiques et substantives, « archétypes », réputées secondes, et qui se spécifient sous l'influence du climat, de la technique, de l'aire géographique, de la faune, de l'état culturel... G. Durand appelle « trajet anthropologique » cet « incessant échange qui existe au niveau de l'imaginaire entre les pulsions subjectives et assimilatrices et les intimations objectives émanant du milieu cosmique et social » (S.A.I., p. 38).

Si le mythe sans fond ne s'insère pas dans une trame historienne et n'a jamais de date de naissance, il reste que, repris à une époque déterminée, il relève du trajet anthropologique, comme le rêve : « Le sens d'un rêve apparaît, en tant que phénomène symbolique, comme un fait culturel relevant d'une étude de psychologie historique. A cet égard, on pourrait proposer aux psychanalystes de se faire davantage historiens et de rechercher, à travers les diverses clés des songes qui se sont succédé en Occident, les constances et les transformations éventuelles de la symbolique des rêves (cf. J.-P. Vernant, *Mythe et tragédie en Grèce ancienne*, Maspero).

Jung répartit l'inconscient collectif en deux séries : l'une, du côté de l'archétype, émerge à peine au niveau de la conscience et se situe du côté de l'instinct, domaine des mythes latents ; l'autre, du côté des images archétypiques, enrobées d'une représentation (images symboliques portées par l'environnement culturel).

Hermann Hesse affirme que ce dont il a besoin pour vivre, c'est que son « âme » puisse se glisser, « sous des centaines de formes, dans des centaines de jeux de l'imagination » ; et si un jour, « cela devait cesser » et qu'il soit assigné à une vie « ancrée dans la prétendue *réalité* », il préférerait mourir (D.P., p. 137).

Selon lui, « derrière les faits tangibles et évidents ou au-dessus d'eux », il semble qu'« on puisse déceler une réalité plus profonde, plus durable et plus chargée de sens », pour laquelle il vaudrait « la peine de vivre » : « Dans *Le Loup des steppes*, cette réalité se nomme *Les Immortels* (L., p. 175).

L'homme qui échappe, temporairement s'entend, au conditionnement économique, politique et social, qui se laisse envahir par « la partie non historique de lui-même » ne rétrograde pas vers « le stade animal de l'humanité » : il réintègre « par les images et les symboles qu'il met en œuvre, un stade paradisiaque de l'homme primordial » parce qu'il porte en lui « une grande partie de l'humanité avant l'Histoire » (I.S., p. 14). Il retrouve « son être propre » (M.L., p. 222).

« L'homme intégral » de Mircea Eliade connaît « d'autres situations en plus de sa condition historique » : par exemple, l'état de rêve, ou « rêve éveillé, ou de mélancolie ou de détachement, ou de béatitude esthétique, ou d'évasion ». Ces états sont aussi « authentiques et aussi importants pour l'existence humaine » que la situation historique (I.S., p. 40-41). Hermann Hesse, dans une lettre de décembre 1938, oppose à la vie inauthentique la « vraie vie » (D.P., p. 187), l'« authentique réalité » (ibid.), qui est « ailleurs » : « L'homme, de nos jours, ne vit pas : il végète et ne respire qu'à demi étouffé ; et s'il a, de ci, de là, un beau rêve ou qu'il lui remonte en mémoire, du temps de son enfance, quelques mesures de vraie musique de Bach ou de Mozart, il trouve là ses bonnes heures. L'homme tente aujourd'hui de se transformer en quelque chose d'autre que ce qu'il était voilà dix mille ans, et cela n'amuse que les jeunes gens et ceux qui ont à commander la manœuvre./ Et cependant l'autre monde existe, le monde vrai et lumineux, il n'est pas seulement dans le souvenir de Mozart ou dans la lecture d'un vieux livre ; il vit aussi en nous, faiblement, petitement, et le dernier devoir qui nous incombe est d'en transmettre une étincelle » (M., p. 194).

Au regard de Hermann Hesse, trop rares sont les récits où s'expriment « les fondements secrets de notre âme – le gouffre de nos instincts, nos héritages spirituels et nos premiers souvenirs – auxquels nous donnons le nom d'inconscient » (M.L., p. 125).

« Imagination » est, étymologiquement, solidaire d'*imago*, « représentation, imitation » et d'*imitor*, « imiter, reproduire » : « l'imagination *imite* des modèles exemplaires – les Images – les reproduit, les réactualise, les répète sans fin » (I.S., p. 23).

Interprétée sur le plan matériel et « concret », l'attirance maternelle, par exemple, « *ne veut rien dire en plus de ce qu'elle dit* ; au contraire, si l'on tient compte qu'il s'agit de l'Image de la Mère, ce désir veut dire beaucoup plus de choses à la fois, puisqu'il est le désir de réintégrer la béatitude de la Matière vivante encore non *formée* » (ibid., p. 17), la nostalgie de l'unité primordiale, donc « le désir d'abolir les polarités ». Si l'esprit utilise les Images pour saisir « la réalité ultime des choses, c'est justement parce que cette réalité se manifeste d'une manière contradictoire et par conséquent ne saurait être exprimée par des concepts » (ibid.). Difficilement explicitée par des concepts, la *coincidentia oppositorum* s'exprime facilement et abondamment par des Images et des symboles, l'œuvre de Hermann Hesse, par exemple.

Avant d'aller plus loin, s'interroger sur les causes de la résurgence des Images et du Mythe permet de montrer que la mythocritique de G. Durand, que nous tenterons d'appliquer ici, illustre ce « Nouvel Esprit Anthopologique » dont « on commence à croire qu'(il) aidera à surmonter la crise de la modernité » (*La Quinzaine littéraire*, n° 701, octobre 1996).

Si le prométhéisme « a du plomb dans l'aile » (G. Durand), c'est qu'il était déjà miné par la fin du « temps des cerises » que constatent les Décadents. Les décadents se désolidarisent des effets pervers du triomphalisme industriel. La « foire à l'activité, à l'oubli, à l'arrivisme et à la mégalomanie » (D.P., p. 308), l'irréversibilité d'un temps toujours meilleur (*Fin de Satan* et « lendemains qui hantent »), la croyance en un « réel rationnel » ont été mis à mal par l'appauvrissement moral, les « rebroussements » de l'histoire et la plongée dans la barbarie, l'effritement de l'épistémologie classique et la mise en question des bases de la physique par la « mécanique quantique ».

Au manque de sens de la « rentabilité » et d' « esprit d'entreprise » qui serait le trait caractéristique du « rêveur », correspond chez ceux qui « entreprennent et veulent du rentable, le manque d'une dimension de l'âme ». L' « infantilité romantico-poétique n'est pas plus infantile que la fière et infantile confiance en soi de l'ingénieur à la conquête du monde qui croit à sa règle à calcul » et « qui est saisi d'angoisse si le caractère absolu des lois auxquelles obéit son monde vient à être ébranlé par Einstein » (D.P., p. 187).

Un Platon ou un Spinoza « n'aperçoit plus que dans un lointain déjà presque irréel la prétendue *réalité* » et « contemple un monde nouveau », enseignait Camille Mélinand, en 1905, à ses « cagneux », parmi lesquels figurait le futur Alain-Fournier. « Qu'est-ce que la science, sinon la révélation d'un monde nouveau, tout différent du monde sensible, monde des électrons et de l'éther, des ondes de toutes les longueurs : le savant est déjà plus qu'à moitié entré dans une réalité supérieure, ou du moins différente » (*Notions de psychologie appliquée*, Nathan,1920, p. 210).

Au grand dam des scientistes, Ernst Mach s'efforçait de trouver un champ d'application plus large des phénomènes physiques, ce qui n'eut pas l'heur de plaire au « matérialiste dialecticien » Lénine (*Matérialisme et empiriocriticisme*). La nature des « infrastructures » ayant été remise en question(s), un marxiste non dogmatique, Anton Pannekoek, dans son *Lénine philosophe* (Spartacus, 1970), rendit justice à Machen commentant ses ouvrages (*La Mécanique* et *Analyse des sensations*) et en taillant des croupières au dictateur : « Lénine ne se préoccupe manifestement pas de savoir ce que Mach pense en réalité ; tout ce qui l'intéresse c'est ce qu'il devrait penser s'il suivait la même logique que la science » (p. 75).

Les marxistes – du moins ceux de l'Ecole de Francfort – et Ernst Bloch réhabilitent les « superstructures ». Se refusant à juger les œuvres en fonction d'un prétendu sens de l'histoire – alors que, selon Rosa Luxemburg, ce sera « le socialisme *ou* la barbarie » - ou d'un illusoire « réalisme socialiste » tenant de la « théorie du reflet », Bloch dénonce les ukases des épigones de Staline en matière d'art pen dant que

Hermann Hesse, « pacifiste abstrait, écrivain honnête », fait observer que « les modes artistiques ont pris la forme d'idéologies dictatoriales » (M., p. 220). « Même les marxistes comme Lukacs (car il ne faut pas que cela soit passé sous silence) ont collé à l'expressionnisme, sans faire de détail, une étiquette peu informée » (doux euphémisme !). « Ils dénoncent en lui l'expression de l'opposition petite-bourgeoise, et même, de façon parfaitement schématique, une superstructure impérialiste » (Ernst Bloch, *Héritage de ce temps*, Payot, 1978, p. 246 et p. 237). Et Bloch de déplorer que l'expression de la « réalité secrète » (surréalisme), quand elle apparaît – comme dans l'*Opéra de Quat'sous* – fasse l'objet d'une « commode erreur d'interprétation » (p. 237).

La réhabilitation de l'imaginaire et du mythe s'est effectuée pour le meilleur et pour le pire. Quand Thomas Mann remythologise, c'est le mythe de Joseph qu'il retrouve ; cette figure mythique confère au livre, selon Hesse, « la régularité et la continuité, la densité de la trame, la constance » avec laquelle l'auteur a pensé l'œuvre comme un tout, comme une grande forme » ; et de ce fait, les personnages sont, à beaucoup près, « plus réels », « plus vraisemblables », plus justes « que ceux que nous offre le théâtre du monde » (C., p. 76). Oui, mais l'historicisme, usurpation éhontée du mythe, en refoulant Wotan, a rendu possible l'installation du nazisme chez l'un des peuples les plus civilisés de l'Europe. De redoutables religions politiques, nazisme et stalinisme, s'établissent qui, sous le couvert d'une scientificité pure et dure, flattent des mythes grossiers comme celui de la race des seigneurs ou de l'unidimensionnalité du Progrès. Selon G. Durand, le « culte de la personnalité » (cf. l'infaillibilité pontificale), des divas et autres stars

(Marlene…) ; des tyrans (Staline, Hitler, Mao…), en germe dans le *moi* romantique, se renforce par la mode de la psychanalyse.

Mais, par ailleurs, la découverte (l'invention, diront certains) de l'inconscient et l'essor de l'anthropologie qui coïncide avec les conquêtes coloniales donnent ses lettres de noblesse à l'imaginaire. Nous voudrions souligner que la logique « autre » de la physique moderne a partie liée avec la psychologie des profondeurs qui intéressa tant Hesse : l'artiste éprouve « un certain attrait pour une psychologie établie sur des bases entièrement nouvelles » et prêt à la suivre (M.L., p. 151), comme pour « les découvertes psychologiques et les prémonitions subtiles et hypersensitives de Nietzsche » (ibid., p. 152) qui ont enivré le jeune Hermann (M., p. 215). Les « couples d'opposés » (M.L., p. 15), les oppositions, les antagonismes sont une structure de la vie qui est identique à la structure de la matière. Ou, si l'on veut, il existe une *correspondance* entre le psychisme pur et la structure micro-physique de la matière. Le carbone du corps humain est simplement carbone ; au plus profond d'elle-même, la psyché n'est plus qu'univers. La psyché que l'on a tendance à prendre comme un fait subjectif « s'étend en dehors de nous, hors du temps, hors de l'espace » (*Cahiers de psychologie jungienne*, n° 6). Jung estime avoir établi « le postulat que le phénomène des configurations archétypiques – événements psychiques par excellence – repose sur l'existence d'une base *psychoïde*, qui relèverait d'autres formes de l'être »

La psychologie des profondeurs fait appel à l'émergence des mythes retrouvés (Hermès). Ce qui demeure traduisible et permanent (Hölderlin) au sein d'un roman fait du récit un département du mythe : « Il y a plus qu'un intérêt de simple curiosité à constater à quel point tous les traducteurs allemands (de Verlaine) ont compris et rendu ces vers de différentes manières, et comment, en dépit de la variété des traducteurs, les poèmes n'ont presque rien perdu de leur unité interne » (B.U., p. 320).

L'essor de l'anthropologie conflue avec cette invite à la découverte de l'âme entreprise par Freud et par Jung. Le « civilisé » apprend que, comme nous, les « sauvages » ont toujours bien pensé. Aussi divisée soit-elle entre races « qui s'ignorent et se haïssent, l'humanité n'en constitue pas moins une unité » : elle a « des potentialités, des idéaux et des objectifs communs » (B.U., p. 23). L'invitation au voyage et l'orientalisme (Delacroix, Baudelaire, Fromentin...) devient incitation à retrouver l'homme dans son unité et sa diversité (japonisme, « art nègre », jazz...). L'européocentrisme a fait son temps et, par voie de conséquence, l'historicisme et l'histoire elle-même sont remis en question (Dumézil). On s'aperçoit, enfin, que l'histoire jaillit des structures de l'imaginaire et qu'il faut placer l'histoire *en* l'homme. « Il y a plus dans le rêve et le désir mythique que dans l'événement historique qui souvent le concrétise » (I.S., p. 11).

Certains personnages mythologiques, certaines configurations symboliques, archétypes et images archétypiques sont « passibles » de rendre compte de l'universalité de certains comportements humains (FM) module de l'histoire et, de même qu'ils nous régissent, ils distribuent les rôles de l'histoire, du destin. Sans le mythe, module de l'histoire, pas d'intelligence historique possible. Le mythe de Napoléon Bonaparte, d'îles, de « rocher », sans le vieux mythe de Prométhée qui lui donne sens. On assiste le plus souvent à la « dissémination des puissances mythiques (Durand) : guerre des dieux qu'annonce l'antagonisme entre Apollon et Dionysos, Mars et Vénus, Caïn et Abel. Véronique Léonard étudie le « bellicisme caïnique » dans *Demian* et dans *Le Roi des aulnes* de Michel Tournier et parle de « l'inféodation d'un même mythe » (colloque *Écrire la guerre*, Centre de recherches sur les littératures modernes et contemporaines, Université Blaise Pascal, Clermont-Ferrand, 1998).

Les *rôles* qu'évoque G. Durand ne sont pas répartis en fonction de quelque prédestination d'un groupe au conservatisme ou à la volonté de changement : Marx attirait déjà l'attention sur les tentations du lumpenprolétariat (cf. S.A.). Il s'agit de rôles *aléatoires* dont la tension prendrait pour modèle le caducée méduséen. Ils sont déterminés par la domination, à un moment donné, de l'une des figures mythiques dans tel groupe. Malgré Cronstadt, Abacete, Budapest, Prague, le Cambodge…, le mythe de Prométhée a de beaux jours devant lui dans nos pédagogies, principalement. Dionysos *se porte* bien chez les amuseurs des mass-media. Folie et fanatisme de notre époque, « que ce soit sous leur forme bourgeoise et américaine ou dans leur variante russe et bolchévique » (BU, p. 27). « La sagesse (Hesse écrit à propos de celle de Lü Bu We) est actuellement étrangère à notre monde et ne se rencontre plus que dans les livres » (ibid.), mais « le temps passe et la sagesse reste » (ibid.) : « La guerre d'hier, la danse hier à la mode, l'auto d'hier sont déjà tellement dépassés, défraîchis, dérisoires… » (p. 28). Actualité de Nicolas de Cuse (ou de Kues), 1401-1464, qui s'est joint « en son temps à ceux qui s'efforçaient de rendre possible une entente pacifique entre différentes confessions religieuses » (BU, p. 79). On pense à Kalidas Nag, l'ami hindou de Hesse qui, prié de choisir l'une des peintures de l'écrivain, en prend une

« avec des arbres et un pont » « Le pont symbolisait à ses yeux la liaison entre l'Est et l'Ouest qui trouverait désormais en nous un nouveau champ d'expérience vécue » (L, p. 41). Selon G. Durand, ce sont les chercheurs qui incarnent les vertus hermésiennes.

La *coincidentia oppositorum* hermésienne, modèle exemplaire, subsume l'unité de l'espèce humaine par delà les clivages qu'exploitent les démagogues de tout crin. Les racines *anthropologiques* de l'imaginaire, chose du monde la mieux partagée. Hesse les rencontre dans les contes, « témoignages de l'âme des peuples ». « J'absorbai ainsi inconsciemment beaucoup d'éléments de la culture indienne. Je me souviens en particulier des belles histoires colorées que ma mère puisait dans cette période (indienne) de ma vie » (SE, p. 255). Il les considère « comme la constatation sans cesse renouvelée que la structure de l'âme humaine reste identique chez toutes les races et dans tous les pays, comme des exemples propres à illustrer la genèse de l'âme, de la poésie, des mythes ». *Les quatre branches du Mabinogi* appartiennent à « un arbre aux multiples ramifications qui prend racine dans les enchevêtrements d'une mythologie primitive, laquelle renvoie aux divinités chthoniennes des époques païennes » (BU, p. 51). La fréquentation des mythes, des légendes et des contes est « pour nos contemporains la même chose que de se replonger dans les souvenirs de leur propre enfance » (ibid.). Ces contes prennent « la valeur d'une collection de naturaliste dans laquelle des pièces d'origine différente servent à illustrer les mêmes lois » (BU, p. 38). L'aspiration à la culture, c'est-à-dire au perfectionnement spirituel et moral, élargit notre conscience pour la rendre heureuse et la fortifier » (ML, p. 233). Parmi « les chemins qui conduisent à cette culture est l'étude de la littérature mondiale, la lente familiarisation avec cette immense trésor d'idées, d'expériences, de symboles, d'imaginations et de chimères, que nous a légué le passé à travers les œuvres des écrivains et des penseurs de nombreux peuples » (ibid., p. 233). Ce qui reste à dire est toujours « une seule et même chose, l'Eternel, l'Ancien ». Ce qui est intéressant, c'est « le renouvellement » » et ce qui est « enchanteur, ce sont tous les jeux des artistes. Ce qu'ils veulent dire avec tout cela, ce qui doit être dit mais qui jamais ne peut se dire entièrement, reste immuable » (p. 367). Ce qui reste à dire « est dit et toujours répété, toujours recommencé » (ibid.).

Mircea Eliade jugeait « exaltante » l'entreprise qui consisterait à révéler « le véritable rôle spirituel du roman du dix-neuvième siècle qui, en dépit de toutes les *formules* scientifiques, réalistes, sociales, a été le grand réservoir des mythes dégradés » (IS, note 2, p. 12). On verrait combien, « humbles, amoindris, condamnés à changer d'enseigne, ils ont résisté à cette hibernation, grâce surtout à la littérature » (p. 12). Il s'agit d'une invite à une grande réflexion sur les images, les symboles et les mythes qui « ne sont pas des créations irresponsables de la psyché », mais « répondent à une nécessité et remplissent une fonction : mettre à nu les plus secrètes modalités de l'être » (p. 14). C'est dire qu'il n'est pas nécessaire de connaître la mythologie pour « *vivre* les grands thèmes mythiques » (p. 15). Herméneutique amplement fondée sur le fait que l'imaginaire a sa logique, plus profonde que la logique apparente.

G. Durand fait écho à Mircea Eliade quand il observe que nos récits culturels, le roman moderne *en particulier* est un « réinvestissement mythologique », plus ou moins avoué, et qu'il n'y a donc pas donc pas de coupure entre les scénarios « significatifs des antiques mythologies et l'agencement moderne » desdits récits (FM, p. 11). Le mythe serait le « modèle matriciel de tout récit ».

La mythocritique décèle, derrière le récit qui est un texte, un modèle mythologique, un patron mythique (mendiant, Ulysse, Hermès). Sous le texte – même sous celui qui semble procéder de la plus grande lucidité -, réseau continu d'associations qui échappe vraisemblablement au contrôle de l'écrivain, se dessine la figure mythique. Parmi les niveaux de signification le niveau du mythe inclus est déterminant. Il monte spontanément des profondeurs de l'inconscient et s'accroche au contenu manifeste. Hesse s'est inscrit dans la lignée des romantiques allemands, savourant chez eux « la participation enthousiaste aux royaumes de l'histoire et de la légende, et au-delà de ceux-ci, à l'inconscient collectif » (PC, p. 8, introduction de Jean Malaplate). Sous mille variantes spécifiques, on repère des structures permanentes, des archétypes (grec *arkhein* = « commander »). Thomas Mann sait gré à un jeune érudit de Harvard qui assigne à *La Montagne magique* et à « son modeste héros une place dans une grande tradition qui n'est pas seulement allemande mais mondiale » et qui le fait entrer dans « un type de poèmes qu'il appelle *the quester legend*» remontant loin dans « les œuvres écrites des peuples ». Son apparition allemande la plus célèbre c'est le *Faust* de Goethe. Mais, derrière Faust, se cache « le groupe de poèmes qui porte le nom générique de *Sangraal* ou *Holy Grall romances* ». Leur héros qui s'appelle Gauvain, Galaad ou Perceval, est précisément le *Quester* qui cherche, interroge et conclut un pacte avec le mystère, « avec l'autre monde, le monde occulte celui que, dans *La Montagne magique*, on qualifie d'*ambigu* ». Il est enquête du Graal, « du bien suprême, du savoir, de la connaissance, de l'initiation, de la pierre philosophale, de l'*aureum potabile* ». Le roman de formation allemand type, est-il autre chose que « la forme sublimée et spiritualisée du roman d'aventure » ? (*Les Maîtres*, Grasset, 1979, p. 330-131). Thomas Mann conclut qu'il était « conscient et tout à la fois inconscient d'une grande tradition » (ibid., p. 332). Denis de Rougemont note que, aux moments les plus purs d'un drame, « il arrive qu'on voie transparaître en filigrane cette forme mythique, le roman de *Tristan et Iseut*» (*L'Amour et l'Occident*, Plon, 1939, U.G.E., p. 14).

Selon Hesse, presque tous les textes en prose qu'il a écrits sont « les biographies d'une âme : aucun ne raconte des histoires, des intrigues et des tensions ; ils sont en définitive des monologues dans lesquels – justement (une) figure mythique est considérée dans ses rapports au monde et à son propre moi. On appelle ce genre de texte des *romans* (ML, p.227). Ce sont en réalité, aussi peu des romans que des « guides sacrés » de Hermann depuis son adolescence (p. 228). Comprendre un texte, c'est faire surgir un modèle mythique là où n'existaient que des juxtapositions, des « parataxes ».

Le lexique et la culture qu'il charrie creusent en lui des niveaux de signification. Sur cent mots apparemment nouveaux, quatre-vingt-dix-neuf d'entre eux ne sont que des combinaisons mécaniques de motifs puisés dans le corpus existant ; somme toute, ce ne sont pas des mots authentiques, mais simplement des désignations » (ML, 351). .C'est la deuxième lecture conseillée par Thomas Mann (dans la préface allemande à *La Montagne magique*)

que « se dégage la substance du livre ». La « valeur vitale interne, la beauté et la fonction d'une représentation » sont mises en évidence « quand l'effet purement extérieur, la tension de l'action sont suspendus » (ML, p. 34). C'est le niveau de la signification du mythe inclus qui est déterminant : dans toute œuvre littéraire, « il existe, même si elle est camouflée, cachée sous le surface, une multitude de sens inexprimés, une *surdétermination des symboles*, comme l'appelle la psychologie moderne » (ibid., p. 204). Invitation à accueillir tout texte comme un perpétuel au-delà de son dire, de « ses procédures de signifiants » (G. Durand) et à rechercher quel mythe latent anime l'expression d'un langage second.

Le niveau auquel nous travaillons est celui des formations inconscientes, étant bien entendu que l'œuvre est également organisée suivant des structures conscientes propres. Nous nous intéressons, avec Hesse, aux figures mythiques latentes, mais chacun sait que le vingtième siècle regorge d'œuvres *manifestement* inspirées par les mythes de l'Antiquité et du Moyen Age : Œdipe, Electre, Merlin…

L'écrivain insiste sur le fait que le genre de littérature qu'il pratique « ne connaît guère de travail rationnel qui dépendrait de la seule volonté, et que l'on pourrait produire à force d'être assidu » (p. 227).Un romancier averti, comme Hesse, reconnaît volontiers qu'il écrit, en partie, sous la dictée de l'inconscient. Une nouvelle œuvre commence à naître pour lui « au moment où se profile une figure » prégnante qui peut devenir « le symbole et le dépositaire » de ses expériences, de ses pensées et de ses problèmes (ibid.) ainsi que de ses haines : « Au n° 64, se trouvait le Hollandais. (…) Il devint pour moi une figure mythique, une idole, un démon et un fantôme que j'ai réussi à vaincre depuis peu seulement (C, p. 91-92) par un processus de mythification, je transforme et homme en mon ennemi et son contraire. Le Hollandais, ce personnage à la santé de fer, à l'allure prospère, élégante et au porte-monnaie bien rempli, symbolise pour moi qui ne suis qu'un outsider, l'ennemi en soi par le type même qu'il incarne » (ibid., p. 97).

Ses problèmes ont toutes chances d'être, en grande partie, les mythologèmes de l'humanité : interrogations sur la vie, la rencontre des sexes… « Gilgamesh doit mourir, il n'y a pas d'éternité pour lui, le héros, d'autre destin que celui de n'importe quel pauvre homme » (BU, p. 10). Hesse déclare sans ambages que l'apparition de ce personnage mythique « correspond au moment créateur dont découle tout le reste » (ML, p. 227).

Loin d'être sacrifice à la dernière mode de la critique, notre processus d'explication et d'*interprétation* (cf. IM) tente d'épouser la « démarche » du créateur, démarche qu'il expose sans nombrilisme : elle ne se veut ni exceptionnelle ni exemplaire. C'est ainsi que, dans *Les Racines de la conscience*, Jung évoque la figure mythique telle qu'elle apparut à Nietzsche : « Celui qui révèle et qui illumine vint à Nietzsche comme la source parlante de son âme. C'est de là que vient le langage hiératique de Zarathoustra, car c'est le style de cet archétype » (p. 54). C'est en vivant cet archétype que « le moderne fait l'expérience du mode le plus ancien de la pensée comme activité autonome dont parle l'objet. *Hermès Trismégiste* ou le *Thot* de la littérature hermétique, *Orphée*, *Poimandrès*, le *Poimen (Pasteur) d'Hermas* qui lui est apparenté sont d'autres formulations de la même expérience » (ibid) endopsychique. Jung réunit, jusqu'à les confondre, sous la même nomination : *Hermès Trismégiste*, le fils de Zeus et de Maïa, le vieux sage et l'*anima*. Hermès, divinité lunaire, psychopompe, est le principe du devenir (il fait tourner la roue zodiacale) et de la sublimation de l'être. Jung coordonne *Psychologie et alchimie* parce que *l'aquaster des* alchimistes, principe de l'âme vitale, serait la conception de Paracelse qui se rapproche le plus de la notion d'inconscient (cf. *Paracelsica*). A propos des « interventions psychiques » '(Dodds), il convient de se référer à la notion de « recteur spirituel », actif dans les rêves, dans les contes et dans les romans, archétypique (cf. Jung, *Essais sur la symbolique de l'esprit*, Albin Michel, 1991) : « Votre père est ici et là, il est en vous et hors de vous, votre père est partout » (CI, p. 81) ; « Un sourire passa une seconde sur le visage de mon père, comme sourit le visage du gourou qui est notre guide dans nos rêves » (ibid., p.80).

Envisager la réunion d'images parcellaires, n'est-ce pas aller dans le sens de la *coincidentia oppositorum* hessienne ?

La mythanalyse de quelques œuvres de Hermann Hesse entreprise par Gilbert Durand (FM, p. 260 et suivantes), nous voudrions l'étendre aux traductions parues – principalement chez Corti – depuis 1990. L'idée qui préside à la constitution d'un tel corpus c'est que l'on retrouve dans un ensemble d'œuvres ce que l'on a découvert à propos d'une œuvre. Hermann Hesse nous y autorise, qui estime être resté fidèle à son être » et ne pas avoir « quitté la réalisation de (lui)-même à travers bien des crises et des passages difficiles », et qui se dit frappé du fait que la plupart de ses « récits importants » répétaient « avec quelques variations les problèmes et les types conformes à (sa) nature, même si c'était d'un nouveau degré d'existence et d'expériences ». Son Goldmund « n'était pas seulement préfiguré seulement dans Klingsor, mais déjà dans Knulp, comme la Castalie et Joseph Knecht dans Mariabronn et dans Narcisse » (DP 280).

Si la prégnance mythique n'est pas billevesée, la figure d'Hermès doit se profiler, aussi, derrière des écrits autres que les romans hessiens (cf. C. Herzfeld, « *Le Jardin nocturne de Hermann Hesse,* L'Harmattan, 2015 et *Iris*, Université Stendhal, Grenoble, 1989).

On pourrait d'ailleurs rechercher les figures mythiques qui, latentes ou manifestes, unifient les leitmotive disséminés dans les œuvres.

PETITE MUSIQUE DE NUIT, OR DU RHIN ET *RING*

L'expérience humaine se déroule avec, pour toile de fond, le temps lié à la vie biologique et conduisant à la mort.

Opposée à l'attitude héroïque face à l'adversité, l'une des attitudes possibles face au visage de Kronos consiste à capter les forces vitales du devenir, à transmuter en talismans bénéfiques les traits meurtriers du Temps ou à incorporer au mouvement temporel les figures rassurantes du cycle.

L'antidote du temps sera recherché dans la chaude et rassurante intimité de la substance. La « structure nocturne » sera celle de l'euphémisme. C'est l'aspect rassurant de la féminité qui est valorisé (miniaturisation).

La structure diachronique ou disséminatoire harmonise en un tout cohérent les contradictions les plus flagrantes. Le style des images est ici axé sur la cohérence des contraires (oxymoron).

La contagion de l'oxymore est telle que l'image présente un caractère composite : la nuit est bleue, l'obscurité de telle scène est claire… L'œuvre est un kaléidoscope : Retrouvant le plaisir que me procuraient autrefois les visions du kaléidoscope, j'enregistrais une foule de petits détails (VN, p. 90).

Le temps est venu, des métamorphoses auxquelles le kaléidoscope nous fait assister : « Devenu à la fois oiseau, papillon de nuit, poisson et nuage, je me suis plongé dans l'univers joyeux, éphémère et enfantin des métamorphoses » (C, p. 90).

En attendant la métamorphose finale ; de sa « fin », Hermann dit qu'elle ne « signifie en aucun cas l'anéantissement total. Elle ne peut être synonyme que de métaphore » (C, p. 147)

D'ailleurs, la vie moderne s'apparente à une maladie : « Pendant un moment, j'eus l'impression que cette salle remplie de gens malades (...) était à l'image de toute notre vie d'hommes civilisés » (C, p. 157).

Le « Curiste » constate que la « maladie » est supportable à condition de recourir à la Joie : « Il n'y avait qu'à s'esclaffer pour cesser d'être de mornes curistes assis à une table de restaurant et devenir les joyeux invités de Dieu installés à la table bigarrée du monde » (C, p. 158).

La détermination de la figure mythique latente est approximative. Notre choix s'est porté sur Hermès qui conjoint le Ciel et la Terre. Cette fonction, Iris la remplit également. La déesse messagère dont le météore est un message apparaît avec de grandes ailes dorées : elle porte aux pieds des sandales ailées et tient, dans une main, le bâton du héros ; Hermès revêt souvent un casque ailé, des ailettes sont attachées à ses talons. Et il tient, comme Circé, une baguette magique dont on fera le caducée. Simone Vierne rêve d'écrire comment, un jour, Iris, aidée d'Hermès, refusa de transmettre un message portant la guerre et, ce faisant, assuma pleinement son rôle de médiatrice. Unie à Hermès, elle donnerait naissance à un enfant : Hermiris.

Un trait hermésien manque à Iris, c'est celui du « puer aeternus », la « puissance de l'infime ». Or, c'est bien la figure mythique du dieu enfant (p. 51) qui se profile derrière l'oeuvre de Hermann Hesse. Dans « Iris », l'héroïne éponyme, révèle à Anselme le « sens de notre présence sur terre : la recherche de ces émotions passées »[1], la méditation, l'écoute de sons lointains et perdus, derrière lesquels se cache notre véritable berceau » (CM 133). En 1903, déjà, Hesse signalait qu'un domaine « pratiquement tout nouveau » s'ouvrait à la littérature, celui de l'enfance[2] : « La littérature a aussi pénétré avec un plaisir nouveau dans l'innocent pays de l'enfance et, parfois, les rêveurs rejoignent l'En-deçà de la naissance (CM 133). « La littérature a aussi pénétré avec un plaisir nouveau dans l'innocent pays de l'enfance » (ML 26).

Hesse ajoute « la méditation, l'écoute de sons lointains et perdus, derrière lesquels se cache notre véritable berceau » (CM, p. 133). En 1903, déjà, Hesse signalait qu'un domaine « pratiquement tout nouveau s'ouvrait à la littérature, celui de l'enfance » (ML, p. 26).

« Il vit qu'elle avait de jolies mains, aux doigts fuselés, de belles épaules, et un visage où l'angoisse de sa destinée se mêlait à ce besoin de confiance aveugle qui existe chez les enfants » (DEK, p. 181).

---

[1] Par exemple, « la frénétique mélopée automnale » du vent : « il me hurlait aux oreilles des paroles jamais entendues, de mots venues du fond des âges, de mots venus du fond des âges, pareils à des noms d'anciens dieux » (CC 139).

[2] « Et avec cette confiance et ce besoin d'amitié qu'ont les enfants, la veille d'une grande fête, ils prennent (Meaulnes) chacun par la main » (GM 60).

Alain-Fournier écrit que les enfants « prennent chacun par la main » le héros éponyme de son roman, avec cette confiance et de besoin d'amitié qu'ont les enfants, la veille d'une grande fête » (*Le Grand Meaulnes*, édition critique, Nizet, 1983, p. 60).

Hesse peut affirmer que « la littérature a aussi pénétré avec un plaisir nouveau dans l'innocent pays de l'enfance » (ML, p. 26).

Un jour, revenu dans le jardin de son enfance, Anselme sent « des ondes refluer dans son cœur ». Mais Iris ne deviendra pas son épouse : elle meurt après lui avoir remis, en souvenir d'elle, un iris.

Au printemps de sa vie, on comprend qu'Anselme préfère l'Iris, fleur de printemps. Il voue à Iris un « amour exceptionnel ». Il aspire le parfum des pétales « aux formes et aux couleurs merveilleuses » (cf. la poudre d'iris, insaisissable, devenue « poudre de riz » !). Personnification d'Iris : « Les iris se dressaient minces et rêveuses » (BN, p. 151). Les « petites phalanges jaunes » d'Iris émergent du fond « à reflets bleuâtres. Miniaturisation, telle celle du jardin dans *Le Grand Meaulnes*, op. cit., p.177) : « La terre se divisait en petits prés verts, en saulaies séparées par des clôtures, comme autant de jardins minuscules ».

Anselme sait où se trouvent les « lèvres » d'Iris (p. 124). Il regarde « au fond de sa gorge bleue » (ibid.), « crépusculaire » (p. 126), « suave » (p. 127). Fleur-jardin : « Une allée étroite et claire » se perd dans le calice, « ceint de sépales d'un vert brunâtre », d'un « vert pâle teinté de lilas ». Le mystérieux sentier se prolonge jusqu'au cœur de « la belle ». Hier encore, « une aiguille effilée, dure et bleue » s'élevait de sa « coupe verte ». Les « vaisseaux où circule la vie » sont « fragiles comme le verre ». Au verre est associé l'irisation (cf. Sainte-Agathe, dans le GM) : « Ainsi du chaotique empire / l'arc-en-ciel renaît chaque fois » (« Magie des couleurs », DPP, p. 151).

L'eau, « à la façon d'une opale est pleine de combinaisons de couleurs » (VI, p. 160). Ce chatoiement aux couleurs du spectre, maléfique lorsqu'il s'agit de l'opale, est bénéfique dans le cas des perles. Si la lune, triste, fait couler une larme, c'est une larme d'opale :

> Quand parfois sur ce globe, en sa langueur oisive,
> Elle laisse filer une larme furtive,
> Un poète pieux, ennemi du sommeil,
> Dans le creux de sa main prend cette larme pâle,
> Aux reflets irisés comme un fragment d'opale,
> Et la met dans son cœur loin des yeux du soleil.
> (Baudelaire, « Tristesse de la lune », *Œuvres complètes*, Gallimard, 1953, p. 195).

La perle joue un rôle considérable « dans la spéculation, dans le christianisme et la gnose » ; elle serait « le résultat de l'union du Feu et de l'Eau » (Mircea Eliade, *Images et symboles*, Gallimard, 1980, p. 195). Le symbole lunaire est lié à l'eau et à la femme.

Le pétale forme une courbure « arquée », forme pour laquelle Hesse semble avoir une prédilection : deux jeunes hommes avaient fixé « en travers du bateau », un arceau « fait de baguettes de noisetier et qu'ils avaient délicatement enlacé de roses grimpantes d'un rouge vif en pleine floraison ; au centre de l'arceau légèrement oscillant, ils avaient suspendu une grosse lanterne ronde de papier rouge qui répandait une douce lumière » (F., p.39).

L'arc posé par Zeus lance une flèche qui n'est pas éloignée du vol d'Iris, rapide comme le vent. Simone Vierne signale que ls dictionnaires étymologiques s'accordent pour considérer qu'Iris, la déesse, et qu'iris, l'arc-en-ciel, la plante, la partie de l'œil ou le cristal sont des mots ayant la même racine indo-européenne qui se trouve dans des mots comme *itea*, l'osier, l'arc, *vitid*, la plante à vrille, la vigne, *vir*, la spirale. Toutes les plantes de ce type « qui grimpent le long d'une perche (...) dressent leurs vrilles follement baroques » (DP 188-9) Cette spirale marque la parenté profonde entre le météore et la déesse messagère : le lien, le passage. C'est ainsi que les pétales frais d'Iris risquent « un œil à l'extérieur » de leurs fins parties « enroulées sur elles-mêmes ».

Anselme devine « une ligne claire et veinée et le gouffre lointain et odorant de l'âme » (124). Bientôt naîtraient les premiers rêves d'Iris,

L'arche participe à/de l'arc-en-ciel. « Et au-dessus de tout cela se déployait un ciel profond, blanc et brillant ».

Anselme entend souvent, au tréfonds de lui-même, parler la voix d'Iris et celle de sa mère. Un jour qu'il traverse « un paysage hivernal », Anselme voit un plant d'iris qui « se dressait au milieu d'un tapis immaculé » (142), obéissant au « cycle ininterrompu » (128). Les souvenirs affluèrent. C'est alors qu'Anselme rencontre des enfants qui lui apprennent que la « Porte des Esprits » est ouverte. Il arrive de poser par Zeus lance une flèche qui n'est pas éloignée du verre comme l'opale » et « lorsque la lune eut conquis un espace dégagé du firmament, nous la vîmes entourée d'un halo coloré, une sorte d'arc-en-ciel lunaire, froid, irisé, dont la trace mobile et brillamment colorée se répétait sur les franges translucides des nuages » (SE, p. 265).

Simone Vierne signale que les dictionnaires étymologiques s'accordent pour considérer qu'Iris, la déesse, et qu'iris, l'arc-en-ciel, la plante, la partie de l'œil ou le cristal sont des mots ayant la même racine indo-européenne, qui, qui se trouve comme *itea*, l'osier, l'arc, *vitid*, la plante à vrille, la vigne, *vir*, la spirale.

Bachelard fait observer la correspondance de « l'immensité de l'espace du dedans » (PE, p.186). Anselme projette sa profondeur au cœur de l'iris. L'homme porte en lui un élément qui « se développe, grandit et procède au moyen de transformation ascendante » ; l'humanité décrit pour ainsi dire, une spirale oscillatoire infinie » (E. Fromentin et P. Bataillard, *Étude sur l'*Ahasvérus *de Quinet*, Droz, 1982). – Cf. notre étude : Dominique *de Fromentin, thèmes et structure*, Nizet, 1977, chapitre III, « La Flèche et la spirale », p. 65-127, et notre article : « Le mythe du juif errant : Herder, Quinet et Fromentin », in *Cahiers du C.E.R.M.E.I.L.*, n° 12, Narbonne,

Un jour, revenu dans le jardin de son enfance, Anselme sent « des ondes refluer dans son cœur ». Mais Iris ne deviendra pas son épouse : elle meurt après lui avoir remis, en souvenir d'elle, un iris.

Anselme entend souvent, au tréfonds de son âme, « parler la voix d'Iris et celle de sa mère. Un jour qu'il traverse « un paysage hivernal », Anselme voit un plant d'iris qui « se dressait au milieu d'un tapis immaculé » (p. 142), obéissant au « cycle ininterrompu » (p. 128). Les souvenirs affluèrent. C'est alors qu'Anselme rencontre des enfants qui lui apprennent que la « Porte des Esprits » est ouverte. Il arrive devant une paroi rocheuse ; une faille s'ouvre, béante. Malgré la mise en garde d'un vieil homme, Anselme, voyant un couloir bleu se perdre au fond de la montagne, s'avance « jusque dans le secret bleu des entrailles de la montagne » (143) : c'était Iris. Il va à la rencontre d'un « crépuscule d'or » (Meaulnes revient : « c'était le crépuscule d'un beau matin de septembre », p. 246) et retrouve d'un coup tous ses souvenirs. Le chemin le conduit vers « sa terre d'origine où il était chez lui ». G. Durand fait remarquer « l'ubiquité du centre » (cf. *Le Grand Meaulnes*, p. 75). Anselme avait été ramené « au tréfonds de son âme », au Paradis : « Un homme qui a fait une fois un bond dans le Paradis, comment pourrait-il s'accommoder ensuite de la vie de tout le monde ? (*Le Grand Meaulnes*, p. 172).

La constellation que nous trouvons dans *Iris* fait apparaître que le but recherché est la pénétration d'un centre. Le rêve de descente est un rêve de retour : « Une lourde porte de bois » était « à demi ouverte. L'élégant s'y *engouffra* » (*Le Grand Meaulnes*, p. 59). Le repos est dominé « par un psychisme *involutif* ». .Il prend, nous l'avons vu, « les allures de l'*enroulement sur* soi-même, d'un corps qui devient objet pour soi-même » (TRR, p. 5). La descente se double des symboles de l'intimité. La pénétration moelleuse s'accompagne de la qualité thermique. La lumière « joue et rit à la surface des choses, mais, seule, la chaleur *pénètre* » : Albert, le peintre, ne désire pas autre chose que « percevoir ces vibrations, ce courant de forces, cette chaleur secrète dans lesquels il s'anéantirait et s'abîmerait pour mourir et renaître à la vie » (SE, p. 164). Le *complexe de Novalis* « synthétiserait alors l'impulsion vers le feu provoqué par le frottement, le besoin d'une chaleur partagée » (PF, p. 70). Chaleur conjointe à l'éther chez Novalis. Dans une lettre à Schlegel, il écrit : « Vois en mon conte mon antipathie pour les jeux de la lumière et de l'ombre, et le désir de l'Ether clair, chaud et pénétrant ».

Le retour imaginaire est toujours une « rentrée » plus ou moins viscérale (G. Durand). Le ventre, digestif ou sexuel, est euphémisation du gouffre, cavité accueillante (TRR, p. 142). Le complexe de Novalis rejoint le *complexe de Jonas* : rêve de vivre vraiment chez soi, « au centre de son propre être », « dans son propre ventre » (TRR, p. 133).

Cavité valorisée positivement, le ventre est relié à la richesse, aux figures féminines de la fécondité (Gaïa est la grand-mère d'Iris), de la profondeur aquatique ou tellurique (cf. la figure mazdéenne de Sarasvati).

Toute demeure suggère un redoublement. Elle est à l'origine des fantasmes d'emboîtement dans lesquels la dialectique de base est celle du contenu et du contenant. Le processus d'inversion passe par une « relativisation des donne « tous les trésors de l'intimité des choses » en faisant « entrer le grand dans le petit » (SAI, p. 238). Un détail redouble l'ensemble en le miniaturisant (cf. la mise en abyme) et nous conduit au « redoublement gulliverisant ». Cette « mise en miniature » nous donne

« tous les trésors de l'intimité des choses » (TRR, p. 14) et nous convainc de la « puissance du petit » (PE, p. 154) : « Nous ne nous sentons presque jamais comblés par une joie aussi intense et merveilleuse que celle que nous avons éprouvée dans notre enfance » (C, p. 138).

Les miniatures sont « des objets faux pourvus d'une objectivité psychologique vraie » (PE, p. 140). « Il sentit que quelque chose se passait dans son être intérieur, qu'au centre de sa tête une petite cavité se formait ; il vit bâiller cette ouverture sombre, tandis qu'avec une ferveur grandissante, il fixait son attention sur cette caverne de la dimension d'une noix, ou sur ce giron maternel. Et la caverne commença à s'éclairer faiblement de l'intérieur (…) et l'image de ce qu'il devait faire afin de pouvoir rester en vie apparut de plus en plus clairement à son regard » ; elle lui révélait « le besoin profond » et « oublié de son âme » (SE, p. 257).

C'est ainsi que le jardin, si cher au cœur de Hermann (voir notre « Jardin nocturne »), est miniaturisé. Lié à la descente, il se voit parer de l'innocence enfantine : « Un jardinet descendait en pente raide » (CI, p. 98), le diminutif atténuant la « raideur » de la pente de ce « minuscule et touchant jardin » (ibid. 139). Dans la forêt du Tessin, « se trouvent les grotti, les caves à vin du village, un fantastique village nain de conte de fées en pleine forêt » (DP 173) : la gulliverisation a partie liée avec l'enfance. Dans de « minuscules canots creusés dans un tronc d'arbre, (les enfants se font) balancer par les vagues » (CI 152). Du fait de la puissance de l'infime, la miniaturisation s'impose alors que l'élévation semblait l'exclure : de « petites maisons de poupée » sont « perchées sur les remparts » (VN 90). Entre Losone et

Golino, ce qui parle à Hermann, ce sont « la piété, la confiance, l'esprit d'enfance » (cf. Luc Bérimont). Le chemin, tantôt large, tantôt étroit» a « quelque chose d'enfantin » ; « il est capricieux et fantasque, tout comme les murettes qui les bordent » (ibid. 186). Le poète retrouve les émerveillements de son enfance en apercevant un banc serré de poissons rouges plonger soudain dans les profondeurs : véritable « délice, la subite et violente réduction de tous ces corps ne manquant pas de provoquer en moi une surprise amusée » (VI 42). Le même phénomène se produit à l'échelle d'un paysage : « À l'arrière-plan, formant un arc de cercle, de nombreuses îles aux « collines bleues », le tout dominé et miniaturisé par la majestueuse silhouette d'une voile chinoise » (CI 77).

La féminité est atténuée grâce à la mise en miniature de la fille d'Ève. La Fillette, elle-même euphémisée, devient l'expression d'un temps figé : Une petite Chinoise de onze ans « fait tous les jours devant les hôtels le commerce ambulant de jouets. Elle a, comme je l'ai dit, onze ans, mais sa stature et son allure la font paraître encore plus jeune, plus enfantine » ; « toute fluette», elle a le « doux visage d'enfant que les jolis Chinois conservent souvent jusque dans la vieillesse » (p. 68). Et, par une inversion caractéristique de la structure euphémisante de l'imaginaire, Hermann Hesse est amené à écrire : « À (la) place de ma mère » c'est une fillette de dix ans aux cheveux noirs qui passe, m'observe, moi et mon petit feu, « accepte une noix et un morceau de chocolat, s'assied près de moi dans l'herbe » (DP 148). Inversion et redoublement entraînent l'imagination vers la dramatisation cyclique : alternance du jour et de la nuit, rythme des saisons, lunaires qui sous-tendent le symbolisme nocturne (cf. infra).

À la différence de la nuit de toutes les dangers, la nuit hessienne est valorisée en termes d'éclairement, ainsi « l'eau noire » qui scintille légèrement « dans un faible rayon de lumière » (VN 74-5). La nuit emprunte beaucoup a au jour :

> Passionnément, nous nous tournons, lassés du jour.
> Vers la nuit ambrosiaque de tes chants
> Dont le battement d'aile
> Nous abrite de leur rêve d'or
> (« Ode à Hölderlin »,PC 71).

Quant à l'ombre, elle est « de miel » (DP 167).

La régression nocturne projette la grande image maternelle, tantôt tellurique, tantôt aquatique. Dans ce dernier cas, elle est propice à l'éclosion des féminités de l'eau, la belle Lau, par exemple : il y avait près de Blaubeuren, « un petit étang naturel d'un bleu insondable où, disait-on, avait séjourné la belle Lau » (VN 12) (cf. Eduard Lšrike, « Le petit lutin de Stuttgart ») : « La belle Lau devait être assise dans les profondeurs de l'étang et son sourire bleuté remontait à la surface » (ibid. 73). « Ma mère qui je dois plus de grâces qu'à toi » (« Prière », PC 25).

Le tombeau se trouve euphémisé en berceau : « Nos âmes sont ramenées toutes ensemble, enfin, au foyer maternel » (« Mort au champ d'honneur », décembre 1914, PC 93) : « Heureux les habitants sans nom de cet enclos, / Dans le sein maternel revenus au repos » (« Cimetière de campagne », PC 99) : « Notre mère la terre est la féconde reine » (ibid.). Le sépulcre est associé aux images du repos et de l'intimité. On rejoint les valorisations positives de la Nuit.

SYLVE

La forêt est centre d'intimité comme peuvent l'être la maison, la grotte (cf. le culte de Mithra), le jardin. Le paysage « clos de la sylve est constitutif du lieu sacré » (SAI 281) : « Je fonce en noctambule à travers la forêt ; / Étrange, autour de moi, luit un cercle magique » (PC, p. 113).

Quand, aux alentours, tout « est écrasé par la fournaise », sortir de « ce brasier aveuglant pour entrer dans la fraîcheur des arbres est comme quitter la place d'un marché sous le soleil de midi pour pénétrer dans le frais sanctuaire d'une cathédrale aux sombres voûtes » (CI 75). Féminine par la protection qu'elle assure, la forêt rappelle l'aspect positif de la maternité aquatique : « La forêt me regardait, à deux pas de distance, océan agité de formes, de branches entrelacées, de masses de feuillage et de fibres » (CI 39). Comme les eaux, mère du monde, la forêt vierge est éternelle (ibid. 35), elle offre un « visage millénaire » : elle se penche sur Hermann et lui « chuchot(e) quelque chose à l'oreille » (ibid.). Mircea Eliade note que le mythe du Paradis Terrestre a survécu jusqu'à nos jours sous la forme adaptée du « paradis océanien » (IS 12), ce « lever du monde exotique archaïque », « l'horizon de l'histoire » est synchrone du renouveau en faveur « constaté, en Europe, pour la connaissance symbolique » (cf. notre introduction). L'Européen qui arrive sur les îles de Malaisie a toujours « à l'arrière-plan de son imagination et de ses désirs, le paysage et l'innocence paradisiaque » primitive à la manière de Van Zanten » (CI, 32). Chez Hesse, « plus que la forêt, plus que l'île, c'est l'embarcation » qui constitue le contenant idéal : « Je me trouve bien sur le bateau » (CI

185). « Rien ne m'est plus proche et cher, me console autant que notre bon navire » (CI 12), ce qui n'exclut pas l'attirance pour le danger : « Ce qui nous attirait et nous menaçait en même temps, c'étaient ces côtes obscures, ces villes scintillantes, ces îles et leurs lisières de forêts comme pâlies par la fièvre » (ibid. 15).

Leur sens me réconforte.

> Je pars en voyage avec eux.
> Vers où ? Cela n'importe
> (ibid. 119).

Appel de l'inconnu : une promenade» n'est pas» « un petit exercice de santé qu'on s'inflige, mais un voyage aventureux dans l'inconnu » (M 45) ». Il semble à Hermann que le moment est venu « de conclure la paix », c'est-à-dire de rester en sa demeure, dans son pays, pendant longtemps, mais « un bateau noir à grande voile blanche comme neige traverse le lac » et soudain, « de toutes ses résolutions, désirs et conclusions, il ne reste plus que la folle et incurable envie de voyager » (VI 249). C'est que, comme l'imagine Bachelard, « la mort fut le premier voyageur » (cf. Tristan) : La vraie passion du voyage est « sauvage, insatiable ». Nous sommes « infiniment curieux » de « connaître la mort, le dernier, l'événement le plus téméraire de cette existence » (ibid. 250). Eros accompagne Thanatos : « Le romantisme des voyages n'est pour moitié rien d'autre qu'attente de l'aventure. Mais l'autre moitié est une pulsion inconsciente à dissoudre et métamorphoser l'érotisme» (DP 131). Et c'est pourquoi, « même chez vous, parmi les vôtres, vous éprouvez souvent ce sentiment de déracinement que vous connaissez maintenant » CI 18).

Avec Meaulnes, « ce petit voyage en voiture à âne serait devenu un événement » (14). « Finies les longues courses perdues en voiture » (GM 220).

Rêverie d'essor, essor de la rêverie. Le « paysage immobile », le voyage intérieur, c'est celui qu'effectuent les lecteurs qui continuent à pénétrer plus avant dans l'univers des livres et qui « découvrent pas à pas un univers d'une grande étendue, d'une grande diversité qui les comble de bonheur. Au début ils ont pris cet univers pour un joli jardin d'enfants (...) puis ce jardin se transforme en parc, en paysage, en continents, en univers, il devient le paradis de la côte d'ivoire » (ML 293).

L'écrivain repère aussi les fêtes périodiques du calendrier « les journées claires de l'été de la Saint-Martin arrivèrent » (VN 31).

> Haut sur les monts brillait la lune pleine
> Au bois les feux de la Saint Jean d'été
> (PC 157).

La lune marque ostensiblement pour les hommes « l'unité dans le temps, la division égale en quartiers ou en semaines, mais aussi l'espérance d'une certaine pérennité » (SAI 335). La vie de ceux qui cultivent la terre a pour « raison d'être », le « culte des divinités du sol, de l'eau, de l'air, cette confiance dans les saisons, dans les énergies des plantes et des animaux » (DP 208). La mythologie n'échappe pas au « grand schème cyclique de la conciliation des contraires » (ibid. 337). Il s'agit d'une vision « rythmique du monde », le rythme étant réalisé par « la succession des contraires, par l'alternance des modalités antithétiques ».

Les « trois heures du jour terrestre » : aurore, midi, crépuscule, sont « induites » des phases « bien nettes du long du jour lunaire » (SAI 331) : « Je me suis rendu une douzaine de fois sur la colline de Fiesole. Dans la fraîcheur des heures matinales, dans la chaleur du midi, dans la clarté bleuâtre des soirs de printemps » (VI 35) ; on comprend que le croissant de lune soit associé, non à la nuit, mais au crépuscule (CI 159) : ils attestent, l'un et l'autre, l'Eternel retour. « Aurore et crépuscule » sont particulièrement illustrés. Le crépuscule, transitoire, contient la promesse de l'aurore ; sa « vapeur rosée », son « flot rougeâtre », est « précurseur de la nuit » (VI 38).

> « Mon amour est la barque paisible
> Que les coups d'une rame insensible
> Poussent vers le ressac, près du bord »
> (PC 27).

La « douceur silencieuse » du mouvement de « la gondole noire, légère et allongée » a quelque chose d'étrange, « une certaine beauté onirique ». Assis sur de « doux coussins », on est « mollement bercé » (VI 44). Adhésivité de cette image de la barque ; Hermann se confond avec « la barque » et « la vague » ; le voyage au bout du monde était moyen de se retrouver : « Je n'aurai donc trouvé sur ce lointain rivage » que moi-même» (CI 104). Le chemin de la délivrance « ne mène ni vers la gauche, ni vers la droite, il mène à son propre cœur » (DP 126). « Le pays natal n'est ni ici, ni là-bas. Il est en toi ou n'est nulle part » (ibid. 141). Les nombreuses personnifications assurent à des mots simples (« chemin ») » ainsi que leur polysémie : « Sous le pont - c'était le soir - le torrent sanglotait dans l'obscurité, les buissons frissonnaient et le ciel vespéral pâlissant était comme une voûte d'un rose glacé tendu sur tout cela »

(DP 133). De « la fraîcheur est exhalée par le ciel du soir » (ibid.). « On trouvait en soi-même toutes les ressources nécessaires » (DEK 151). « Au-dessus de nos têtes reparut bientôt l'échappée sur le ciel d'azur » (CM 92).

RING

Pour Hesse, ce sont les mythes qui constituent le principe explicatif. « L'heure actuelle est celle du chaos». Nous sommes entrés dans l'ère de Kâlî, divinité de la mort, dont le nom», qui signifie "temps, destin", est à rapprocher de kâlaka, taché, souillé» (cf. SAI 120). Nous assistons à « la fin d'un âge de l'histoire du monde, l'âge de fer selon la mythologie antique » d'accord en cela avec les mythes hindous. Nous vivons « la fin de l'automne d'une époque, le déclin d'un monde en décomposition devenu pour beaucoup un enfer et pour presque tous un milieu angoissant, de plus en plus menaçant » (BU 486). Nous nous acheminons vers les temps où, d'après « les conceptions hindouistes », le dieu Shiva « va fouler aux pieds le monde en dansant et faire place nette à une nouvelle création » (ibid.). Hesse reprend ici, en 1960, une idée qu'il exprimait à Thomas Mann en 1941, après avoir souligné que « tout le côté matériel de l'histoire du monde », celle qui intéresse les historicistes, « n'est qu'un répugnant ruisseau de sang » : « la mythologie indienne, plus enfantine et plus courageuse à la fois, laisse sans arrêt le monde, d'époque en époque, se délabrer, dépérir, perdre toute sa substance, jusqu'à ce que Shiva danse sur les débris et que Vishnu, étendu sur quelque prairie ou bercé par les flots bleus, fasse naître de ses rêves, en souriant, un jeune monde plein de beauté, d'innocence et de félicité » (C 168).

Les idiots créés par Dostoïevski, « ce qui est étonnant, c'est que nous soyons si troublés de les comprendre, que nous trouvions en nous je ne sais quoi qui nous apparente à eux et qui fait que nous leur ressemblons » (BU 281). Nous pressentons dans l'œuvre quelque chose de prophétique dont la littérature n'est pas avare : dérive des continents, chez Rimbaud, américanisation de l'Europe, chez Baudelaire... chez Dostoïevski, « représentation prémonitoire d'une désintégration et d'un chaos ». Mychkine et tous les autres incarnent « une nécessité inéluctable et nous mettent en garde : - Voilà par où il faut passer, tel est notre destin ». La voie qui est tracée « exige de nous une pensée "magique", c'est-à-dire que nous reprenions "le chemin de l'inconscient, de l'informel, de l'animalité" pour trouver dans "les racines de notre être des pulsions oubliées et de nouvelles possibilités d'épanouissement" » (ibid.)

Aimer ce qui est dégénéré ou malade n'autorise pas à « le tenir pour juste, (mais) seulement pour ce qu'il est » M 184). Hesse se méfie de tout débordement dionysiaque : Que Wagner « recommence toujours à fasciner les musiciens, j'en ai force exemples, c'est le charme ancien qu'exerce toute magie noire » (ibid.). Th. Mann a bien vu que, « le faiseur de pluie », extrait du *Jeu des perles de verre*, prenait en compte, « avec quelle humanité », « les instincts primitifs sans pour autant, comme le fait stupidement la mode actuelle, se mettre à plat ventre devant eux ! » (C 89). Lui-même ne va pas « dans le sens d'une glorification du dionysiaque » et ne se range pas « du côté du principe maternel de la Reine de la Nuit ».

Le réel est une notion insaisissable : nous ne connaissons que des représentations à travers des systèmes symboliques (cf. *Introduction aux méthodologies de l'imaginaire*, sous la direction de Joël Thomas, Ellipses, Paris, 1998).

G. Durand, définissant « l'appareil symbolique », distingue trois catégories : le schème lié aux réflexes dominants (position, nutrition, activité rythmique), les images épithétiques et substantives, « archétypes », réputées secondes, et qui se spécifient sous l'influence du climat, de la technique, de l'aire géographique, de la faune, de l'état culturel... G. Durand appelle « trajet anthropologique » cet « incessant échange qui existe au niveau de l'imaginaire entre les pulsions subjectives et assimilatrices et les intimations objectives émanant du milieu cosmique et social » (S.A.I. 38).

Si le mythe sans fond ne s'insère pas dans une trame historienne et n'a jamais de date de naissance, il reste que, repris à une époque déterminée, il relève du trajet anthropologique, comme le rêve : « Le sens d'un rêve apparaît, en tant que phénomène symbolique, comme un fait culturel relevant d'une étude de psychologie historique. A cet égard on pourrait proposer aux psychanalystes de se faire davantage historiens et de rechercher, à travers les diverses clés des songes qui se sont succédé en Occident, les constances et les transformations éventuelles de la symbolique des rêves » (J.-P. Vernant, *Mythe et tragédie en Grèce ancienne*, Maspéro, 1972, p. 98.).

Jung répartit l'inconscient collectif en deux séries : l'une, du côté de l'archétype, émerge à peine au niveau de la conscience et se situe du côté de l'instinct, domaine des mythes latents ; l'autre, du côté des images archétypiques, enrobées d'une représentation (images symboliques portées par l'environnement culturel).

Hermann Hesse affirme que ce dont il a besoin pour vivre, c'est que son « âme » puisse se glisser, « sous des centaines de formes, dans des centaines de jeux de l'imagination » ; et si un jour, « cela devait cesser » et qu'il soit assigné « à une vie ancrée dans la prétendue », il préférerait mourir (DP 137).

Selon lui, « derrière les faits tangibles et évidents ou au-dessus d'eux » il semble qu' "on puisse déceler une réalité plus profonde, plus durable et plus chargée de sens", pour laquelle il vaudrait "la peine de vivre" : Dans *Le Loup des steppes*, cette réalité se nomme "Les Immortels" » (L 175).

L'homme qui échappe, temporairement s'entend, au conditionnement économique, politique et social, qui se laisse envahir par « la partie non historique de lui-même » ne rétrograde pas vers « le stade animal de l'humanité » ; il réintègre, « par les images et les symboles qu'il met en œuvre, un stade paradisiaque de l'homme primordial » parce qu'il porte en lui « une grande partie de l'humanité avant l'Histoire » (IS 14). Il retrouve « son être propre » (ML 222).

« L'homme intégral » de Mircea Eliade connaît « d'autres situations en plus de sa condition historique » : par exemple, l'état de rêve, ou « rêve éveillé, ou de mélancolie ou de détachement, ou de béatitude esthétique, ou d'évasion ». Ces états sont aussi « authentiques et aussi importants pour l'existence humaine » que la situation historique (IS 40-41). Hermann Hesse, dans une lettre de décembre 1938, oppose à la vie inauthentique la « vraie vie » (DP 187), « l'authentique réalité » (ibid.) qui est « ailleurs » : « L'homme, de nos jours, ne vit pas : il végète et ne respire qu'à demi étouffé ; et s'il a, de ci, de là, un beau rêve ou qu'il lui remonte en mémoire, du temps de son enfance, quelques mesures de vraie musique de Bach ou de Mozart, il trouve là ses bonnes heures. L'homme tente aujourd'hui de se transformer en quelque chose d'autre que ce qu'il était voilà dix mille ans, et cela n'amuse que les jeunes gens et ceux qui ont à commander la manœuvre./ Et cependant l'autre monde existe, le monde vrai et lumineux, il n'est pas seulement dans le souvenir de Mozart ou dans la lecture d'un vieux livre ; il vit aussi en nous, faiblement, petitement, et le dernier devoir qui nous incombe est d'en transmettre une étincelle » (M 194).

Au regard de H. Hesse, trop rares sont les récits où s'expriment « les fondements secrets de notre âme - le gouffre de nos instincts, nos héritages spirituels et nos premiers souvenirs - auxquels nous donnons le nom d'inconscient » (ML 125).

« Imagination » est, étymologiquement, solidaire d' « imago », représentation, imitation et d'imitor, « imiter, reproduire » : « l'imagination imite des modèles exemplaires - les Images - les reproduit, les réactualise, les répète sans fin » (IS 23).

Interprétée sur le plan matériel et « concret », l'attirance maternelle, par exemple, ne veut rien dire en plus de ce qu'elle dit ; au contraire, si l'on tient compte qu'il s'agit de l'Image de la Mère, ce désir veut dire beaucoup plus de choses à la fois, puisqu'il est le désir de réintégrer la béatitude de la Matière vivante (cf. ibid., 17).

On éprouve la nostalgie de l'unité primordiale, donc « le désir d'abolir les polarités ». Si l'esprit utilise les Images pour saisir « la réalité ultime choses, c'est justement parce que cette réalité se manifeste d'une manière contradictoire, et par conséquent ne saurait être exprimée par des concepts » (ibid.). Difficilement explicitée par des concepts, la « coincidentia oppositorum » s'exprime facilement et abondamment par des Images et des symboles, l'œuvre de Hermann Hesse, par exemple.

Avant d'aller plus loin, s'interroger sur les causes de la résurgence des Images et du Mythe permet de montrer que la mythocritique de G. Durand, que nous tenterons d'appliquer ici, illustre ce « Nouvel Esprit Anthropologique » dont « on commence à croire qu'(il) aidera à surmonter la crise de la modernité » (*La Quinzaine littéraire*, n° 701, 1er/15 octobre 1996).

Si le prométhéisme « a du plomb dans l'aile » (G. Durand), c'est qu'il était déjà miné par la fin du « temps des cerises » que constatent les Décadents. Les décadents se désolidarisent des effets pervers du triomphalisme industriel. La « foire à l'activité, à l'oubli, à l'arrivisme et à la mégalomanie » (DP 308), l'irréversibilité d'un temps toujours meilleur (« Fin de Satan » et « lendemains qui chantent »), la croyance en un « réel rationnel » ont été mis à mal par l'appauvrissement moral, les « rebroussements » de l'histoire et la plongée dans la barbarie, l'effritement de l'épistémologie classique et la mise en question des bases de la physique par la « mécanique quantique ».

Au manque de sens de la « rentabilité » et d'esprit d'entreprise, qui serait le trait caractéristique du « rêveur », correspond chez ceux qui « entreprennent et veulent du rentable, le manque d'une dimension de l'âme ». L'infantilité romantico-poétique n'est pas plus infantile que la fière et infantile confiance en soi de l'ingénieur à la conquête du monde qui croit à sa règle à calcul et « qui est saisi d'angoisse si le caractère absolu des lois auxquelles obéit son monde vient à être ébranlé par Einstein » (DP 187).

Un Platon ou un Spinoza n'aperçoit plus que dans un lointain déjà presque irréel la prétendue et « contemple un monde nouveau », enseignait Camille Mélinand, en 1905, à ses « cagneux », parmi lesquels figurait le futur Alain-Fournier. « Qu'est-ce que la science, sinon la révélation d'un monde nouveau, tout différent du monde sensible, monde des électrons et de l'éther, des ondes de toutes les longueurs : le savant est déjà plus qu'à moitié entré dans une réalité supérieure, ou du moins différente » (*Notions de psychologie appliquée*, Nathan, 1920, p. 210).

Au grand dam des scientistes, Ernst Mach s'efforçait de trouver un champ d'interprétation plus large des phénomènes physiques, ce qui n'eut pas l'heur de plaire au « matérialiste dialecticien » Lénine (« Matérialisme et empiriocritisme »). La nature des « infrastructures » ayant été remise en question(s), un marxiste non dogmatique, Anton Pannekoek, dans son *Lénine philosophe* (Spartacus, 1970), rendit justice à Mach en commentant ses ouvrages (« La Mécanique » et « Analyse des sensations ») et en taillant des croupières au dictateur : « Lénine ne se préoccupe manifestement pas de savoir ce que Mach pense en réalité ; tout ce qui l'intéresse c'est ce qu'il devrait penser s'il suivait la même logique que la science » (p. 75).

Les marxistes - du moins ceux de l'École de Francfort et Ernst Bloch - réhabilitent les « superstructures ». Se refusant à juger des œuvres en fonction d'un prétendu sens de l'histoire - alors que, selon Rosa Luxembourg, ce sera « le socialisme *ou* la barbarie » -, ou d'un illusoire « réalisme socialiste » tenant de la « théorie du reflet », Bloch dénonce les ukases des épigones de Staline en matière d'art pendant que Hesse, « pacifiste abstrait, écrivain honnête », fait observer que « les modes artistiques ont pris la forme d'idéologies dictatoriales » (M 220). « Même les marxistes comme Lukacs (car il ne faut pas que cela soit passé sous silence) ont collé à l'expressionnisme, sans faire de détail, une étiquette peu informée » (doux euphémisme !). « Ils dénoncent en lui l'expression de l'opposition petite-bourgeoise, et même, de façon parfaitement schématique, une superstructure impérialiste » (*L'Héritage de ce temps*, Payot, 1978, p. 246 et p. 237). Et Bloch de déplorer que l'expression de la « réalité secrète » (surréalisme), quand elle apparaît - comme dans l'*Opéra de Quat'sous* - fasse l'objet d'une « commode erreur d'interprétation » (ibid. 237).

La réhabilitation de l'imaginaire et du mythe s'est effectuée pour le meilleur et pour le pire. Quand Thomas Mann remythologise, c'est le mythe de Joseph qu'il retrouve ; cette figure mythique confère au livre, selon Hesse, « la régularité et la continuité, la densité de la trame, la constance » avec laquelle l'auteur a pensé l'œuvre « comme un tout, comme une grande forme » ; et de ce fait, les personnages sont, à beaucoup près, « plus réels », « plus vraisemblables », plus justes « que ceux que nous offre le théâtre du monde » (C 76). Oui, mais l'historicisme, usurpation éhontée du mythe, en refoulant Wotan, a rendu possible l'installation du nazisme chez l'un des peuples les plus civilisés de l'Europe. De redoutables religions politiques, nazisme et stalinisme, s'établissent qui, sous le couvert d'une scientificité pure et dure, flattent des mythes grossiers comme celui de la race des seigneurs ou de l'unidimensionnalité du Progrès. Selon G. Durand, le « culte de la personnalité » (cf. l'infaillibilité pontificale), des divas et autres stars (Marlene...) ; des tyrans (Staline, Hitler, Mao...), en germe dans le romantique, se renforce par la mode de la psychanalyse.

Mais, par ailleurs, la découverte (l'invention, diront certains, de l'inconscient et l'essor de l'anthropologie qui coïncide avec les conquêtes coloniales donnent ses lettres de noblesse à l'imaginaire. Nous voudrions souligner que la logique « autre » de la physique moderne a partie liée avec la psychologie des profondeurs qui intéressa tant Hesse : L'artiste éprouve « un certain attrait pour une psychologie établie sur des bases entièrement nouvelles » et prêt à la suivre » (ML 151), comme pour « les découvertes psychologiques et les prémonitions subtiles et hypersensitives de Nietzsche » (ibid. 152) qui ont complètement enivré le jeune Hermann (M 215). Les « couples d'opposés » (ML 15), les oppositions, les antagonismes sont une structure de la vie qui est identique à la structure de la matière. Ou, si l'on veut, il existe une « correspondance » entre le psychisme pur et la structure micro-physique de la matière. Le carbone du corps humain est simplement carbone ; au plus profond d'elle-même, la psyché n'est plus qu'univers. La psyché que l'on a tendance à prendre comme un fait subjectif « s'étend en dehors de nous, hors du temps, hors de l'espace » (*Cahiers de psychologie jungienne*, n° 6). Jung estime avoir établi « le postulat que le phénomène des configurations archétypiques - événements psychiques par excellence - repose sur l'existence d'une base "psychoïde" », « qui relèverait d'autres formes de l'être » (Jung, *Ma Vie*, Gallimard, 1973, p.399).

La psychologie des profondeurs fait appel à l'émergence des mythes retrouvés (Hermès). Ce qui demeure traduisible et permanent (Hölderlin) au sein d'un roman fait du récit un département du mythe : « Il y a plus qu'un intérêt de simple curiosité à constater à quel point tous les traducteurs différentes manières, et comment, en dépit de la variété des traducteurs, les poèmes n'ont presque rien perdu de leur unité interne » (BU 320).

Certains personnages mythologiques, certaines configurations symboliques, archétypes et images archétypiques sont « passibles de rendre compte de l'universalité de certains comportements humains » (FM, p. 11) et, de même qu'ils nous régissent, ils distribuent les rôles de l'histoire, du destin. Sans le mythe, module de l'histoire, pas d'intelligence historique possible. Pas de mythe de Napoléon Bonaparte, d'îles, de « rocher », sans le vieux mythe de Prométhée qui lui donne sens. On assiste le plus souvent à la « dissémination des puissances » mythiques (G. Durand) : guerre des dieux qu'annonce l'antagonisme entre Apollon et Dionysos, Mars et Vénus, Caïn et Abel. Véronique Léonard étudie le « bellicisme caïnique » dans *Demian* et dans *Le Roi des aulnes* de Michel Tournier et parle de « l'inféodation d'un même mythe » (colloque *Ecrire la guerre*, Centre de recherches

Les rôles qu'évoque G. Durand ne sont pas répartis en fonction de quelque prédestination d'un groupe au conservatisme ou à la volonté de changement : Marx attirait déjà l'attention sur les tentations du lumpenprolétariat (cf. S.A....). Il s'agit de rôles « aléatoires » dont la tension prendrait pour modèle le caducée hermésien. Ils sont déterminés par la domination, à un moment donné, de l'une des figures mythiques dans tel groupe. Malgré Cronstadt, Albacete, Budapest, Prague, le Cambodge..., le mythe de Prométhée a encore de beaux jours devant lui dans nos pédagogies, principalement. Dionysos « se porte »bien chez les amuseurs des mass-média. Folie et fanatisme de notre époque, « que ce soit sous leur forme bourgeoise et américaine ou dans leur variante russe et bolchévique » (BU 27). « La sagesse (Hesse écrit à propos de celle de LŸ Bu We) est actuellement étrangère à notre monde et ne se rencontre plus que dans les livres » (BU 27). Mais « le temps passe et la sagesse reste » (ibid.) : « la guerre d'hier, la danse hier à la mode, l'auto d'hier sont déjà tellement dépassés, défraîchis, dérisoires... » (28). Actualité de Nicolas de Cuse (ou de Kues), 1401-1464, qui s'est joint « en son temps à ceux qui s'efforçaient de rendre possible entre différentes confessions religieuses » (BU 79). On pense à Kalidas Nag, l'ami hindou de Hesse qui, prié de choisir l'une des peintures de l'écrivain, en prend une « avec des arbres et un pont » : « Le pont symbolisait à ses yeux la liaison entre l'Est et l'Ouest qui trouverait désormais en nous un nouveau champ d'expérience vécue » (L 41). Selon G. Durand, ce sont les chercheurs qui incarnent les vertus hermésiennes : coincidentia oppositorum hermésienne, modèle exemplaire, subsume l'unité de l'espèce humaine par delà les clivages qu'exploitent les démagogues de tout crin. Les racines « anthropologiques » de l'imaginaire, chose du monde la mieux partagée, Hesse les rencontre dans les contes, « témoignages de l'âme des peuples ». « J'absorbai ainsi inconsciemment beaucoup d'éléments de la culture indienne. Je me souviens en particulier des belles histoires colorées que ma mère puisait dans cette période (indienne) de ma vie » (SE 255). Il les considère « comme la constatation sans cesse renouvelée que la structure de l'âme humaine reste identique chez toutes les races et dans tous les pays, comme des exemples propres à illustrer la genèse de l'âme, de la poésie, des mythes ». « Les quatre branches de Mabinogi » appartiennent à « un arbre aux multiples ramifications qui prend racine dans les enchevêtrements d'une mythologie primitive, laquelle renvoie aux divinités chthoniennes des époques païennes » (BU 51). La fréquentation des mythes, des légendes et des contes est « pour nos contemporains la même chose que de se replonger dans les souvenirs de leur propre enfance » (ibid.). Ces contes prennent « la valeur d'une collection de naturaliste dans laquelle des pièces d'origine différente servent à illustrer les mêmes lois » (BU 38). L'aspiration à la culture, c'est-à-dire au perfectionnement spirituel et moral, élargit notre conscience pour la rendre heureuse et la fortifier» (ML 233). Parmi « les chemins qui conduisent à cette culture, l'un des plus importants est l'étude de la littérature mondiale, la lente familiarisation avec cet immense trésor d'idées, d'expériences, de symboles, d'imaginations et de chimères, que nous a légué le passé à travers les œuvres des écrivains et des penseurs de nombreux peuples » (ibid. 233). Ce qui reste à dire est toujours « une seule et même chose, l'Eternel l'Ancien ». « Ce qui est intéressant, c'est le renouvellement » et ce qui est « enchanteur, ce sont tous les jeux des artistes. Ce qu'ils veulent dire avec tout cela, ce qui doit être dit mais qui jamais ne peut se dire entièrement, reste immuable » (367). Ce qui reste à dire « est dit et toujours répété, toujours recommencé » (ibid.).

Mircea Eliade jugeait « exaltante » l'entreprise qui consisterait à révéler « le véritable rôle spirituel du roman du XIXe siècle qui, en dépit de toutes les "formules" scientifiques, réalistes, sociales, a été le grand réservoir des mythes dégradés » (IS, note 2, p. 12). On verrait comment, « humbles, amoindris, condamnés à changer d'enseigne, ils ont résisté à cette hibernation, grâce surtout à la littérature » (p. 12). Il s'agit d'une invite à une grande réflexion sur les images, les symboles et les mythes qui « ne sont pas des créations irresponsables de la psyché », mais « répondent à une nécessité et remplissent une fonction : mettre à nu les plus secrètes modalités de l'être » (14). C'est dire qu'il n'est pas nécessaire de connaître la mythologie pour « vivre les grands thèmes mythiques » (15). Herméneutique amplement fondée sur le fait que l'imaginaire a sa logique, plus profonde que la logique apparente.

G. Durand fait écho à Mircea Eliade quand il observe que nos récits culturels, le roman moderne en particulier est un « réinvestissement mythologique », plus ou moins perçu, plus ou moins avoué, et qu'il n'y a donc pas de coupure entre les scénarios « significatifs des antiques mythologies et l'agencement moderne » desdits récits (FM 11). Le mythe serait le « modèle matriciel de tout récit ».

La mythocritique décèle, derrière le récit qui est un texte, un modèle mythologique, un patron mythique (cf. mendiant, Ulysse, Hermès). Sous le texte - même sous celui qui semble procéder de la plus grande lucidité -, réseau continu d'associations qui échappe vraisemblablement au contrôle de l'écrivain, se dessine la figure mythique. Parmi les niveaux de signification le niveau du mythe inclus est déterminant. Il monte spontanément des profondeurs de l'inconscient et s'accroche au contenu manifeste. Hesse s'est inscrit dans la lignée des romantiques allemands, savourant chez eux « la participation enthousiaste aux royaumes de l'histoire et de la légende, et au-delà de ceux-ci, à l'inconscient collectif » (PC 8, introduction de Jean Malaplate). Sous mille variantes spécifiques, on repère des structures permanentes, des archétypes (« arkhein » = commander). Thomas Mann sait gré à un jeune érudit de Harvard qui assigne à « La Montagne magique » et à « son modeste héros une place dans une grande tradition - qui n'est pas seulement allemande et mondiale » et qui le fait entrer dans un type de poèmes qu'il appelle « the quester legend » remontant loin dans « les œuvres écrites des peuples ». Son apparition allemande la plus célèbre c'est le *Faust* de Goethe. Mais, derrière Faust, se cache le groupe de poèmes qui porte le nom générique de « Sangraal Holy Grail romances ». Leur héros qui s'appelle Gauvain, Galaad ou Perceval, est précisément le « Quester » qui cherche, interroge et conclut un pacte avec le mystère, « avec l'autre monde, le monde occulte, celui que, dans « la Montagne magique », on qualifie d'« ambigu ». Il est en quête du Graal, « du bien suprême », du savoir, de la connaissance, de l'initiation, de la pierre philosophale, de l' « aureum potabile ».

Le roman de formation allemand type, est-il autre chose que « la forme sublimée et spiritualisée du roman d'aventure » ? (*Les Matres*, Grasset, 1979, pp. 330-331). Th. Mann conclut qu'il était « conscient et tout à la fois inconscient d'une grande tradition » (ibid., p. 332). Denis de Rougemont note que, aux moments les plus purs d'un drame, « il arrive qu'on voie transparaître en filigrane cette forme mythique, le roman de *Tristan et Iseut* ». (*L'Amour et l'Occident*, Plon, 1939, U.G.E., p. 14).

Selon Hesse, presque tous les textes en prose qu'il a écrits sont « les biographies d'une âme ; aucun ne raconte des histoires, des intrigues et des tensions ; ils sont en définitive des monologues dans lesquels - justement (une) figure mythique est considérée dans ses rapports au monde et à son propre moi. On appelle ce genre de textes des romans » (ML 227). Ce sont en réalité, aussi peu des romans que *Henri d'Ofterdingen*, *Hyperion*, « guides sacrés » de Hermann depuis son adolescence (228). Comprendre un texte, c'est faire surgir un modèle mythique là où n'existaient que des juxtapositions, des parataxes.

Le lexique et la culture qu'il charrie creusent en lui des niveaux de signification. « Sur cent mots apparemment nouveaux, quatre-vingt-dix-neuf d'entre eux ne sont que des combinaisons mécaniques de motifs puisés dans le corpus existant ; somme toute, ce ne sont pas de vrais mots, des mots authentiques, mais simplement des désignations » (ML 351). D'autres mots obligent à ne pas s'en tenir à la seule fonction référentielle du langage, mais de prendre en compte le signifiant connotatif pour parvenir à une compréhension en profondeur de l'écriture et à articuler les différents aspects de l'œuvre : « Les mots père, mère, ancêtres, terre, arbre, montagne, vallée, sont de vieux : mots, des mots authentiques, des mots précieux, des mots solides, des mots de valeur » (ibid.). Ces mots parlent « non seulement à notre intelligence, mais également à nos sens ; chacun invoque une nuée de souvenirs, d'idées et de réminiscences ; chacun évoque l'éternel, l'inévitable, la chose dont on ne peut faire abstraction » (ibid. 252). La lecture « littéraire » suppose que l'on se demande, au moins, quel est le noyau de l'œuvre : « D'un point de vue artistique, le *Loup des steppes* est au moins aussi bon que *Goldmund*, il est bâti autour de l'intermezzo du "avec toute la rigueur d'une sonate" » (M 170). Mais les lecteurs ignorant cela, « lisent consciencieusement en suivant la ligne de moindre résistance et se laissent mener là où cela fait le moins mal » (ibid.). C'est à la deuxième lecture conseillée par Th. Mann dans la préface allemande à *La Montagne magique* que se dégage la substance du livre. La « valeur vitale interne, la beauté et la fonction d'une représentation » sont mises en évidence « quand l'effet purement extérieur, la tension de l'action sont suspendues » (ML 34). C'est le niveau de la signification du mythe inclus qui est déterminant : dans toute œuvre littéraire, « il existe, même si elle est camouflée, cachée sous la surface, une multiplicité de sens inexprimés, une surdétermination des symboles, « comme l'appelle la psychologie moderne » (ibid. 204). Invitation à accueillir tout texte comme un perpétuel au-delà de son dire, de « ses procédures de signifiants » (G. Durand) et à rechercher quel mythe latent anime l'expression d'un langage second.

Loin d'être sacrifice à la dernière mode de la critique, notre processus d'explication et « d'interprétation » (cf.

IM) tente d'épouser la « démarche » du créateur, démarche qu'il expose sans nombrilisme : elle ne se veut ni exceptionnelle ni exemplaire. C'est ainsi que dans *Les Racines de la conscience*, Jung évoque la figure mythique telle qu'elle apparut à Nietzsche : « Celui qui révèle et qui illumine vint à Nietzsche comme la source parlante de son âme. C'est de là que vient le langage hiératique de Zarathoustra, car c'est le style de cet archétype » (54). C'est en vivant cet archétype que « le moderne fait l'expérience du mode le plus ancien de la pensée comme activité autonome dont parle l'objet ». « Hermès Trismégiste » ou le de la littérature hermétique, Orphée, Poimandres, Poimen (Pasteur) d'Hermas « qui lui est apparenté sont d'autres formulations de la même expérience » (ibid.) endopsychique. Jung réunit, jusqu'à les confondre, sous la même nomination : « Hermès Trismégiste », le fils de Zeus et de Maïa, le vieux sage et l'« anima ».

Hermès, divinité lunaire, psychopompe, est le principe du devenir (il fait tourner la roue zodiacale) et de la sublimation de l'être. Jung coordonne « Psychologie et alchimie » parce que l'« aquaster » des alchimistes, principe de l'âme vitale, serait la conception de Paracelse qui se rapproche le plus de la notion d'inconscient (cf. *Paracelsica*). A propos des « interventions psychiques » (Dodds), il convient de se référer à la notion de « recteur spirituel », actif dans les rêves, dans les contes et dans les romans, archétypique : (cf. Jung, *Essais sur la symbolique de l'esprit.* (Albin Michel, 1991) « Votre père est ici et là, il est en vous et hors de vous, votre père est partout » (CI 81) : « Un sourire passa une seconde sur le visage de mon père, comme sourit le visage du gourou qui est notre guide dans nos rêves » (ibid. 80).

Envisager la réunion d'images parcellaires, n'est-ce pas aller dans le sens de la « coincidentia oppositorum » hessienne ?

La mythanalyse de quelques œuvres de Hermann Hesse entreprise par G. Durand (FM p. 260. sq.), nous voudrions l'étendre aux traductions parues - principalement chez Corti - depuis 1990. L'idée qui préside à la constitution d'un tel corpus c'est que l'on retrouve dans un ensemble d'œuvres ce que l'on a découvert à propos d'une œuvre. H. Hesse nous y autorise, qui estime être « resté fidèle à son être » et ne pas avoir « quitté la voie de la réalisation de (lui)-même à travers bien des crises et des passages difficiles », et qui se dit frappé du fait que la plupart de ses « récits importants » répétaient « avec quelques variations les problèmes et les types conformes à (sa) nature, même si c'était à partir d'un nouveau degré d'existence et d'expérience ». Son Goldmund « n'était pas préfiguré seulement dans Klingsor, mais déjà dans Knulp, comme la Castalie et Joseph Knecht dans Mariabronn et dans Narcisse » (DP 280).

Opposée l'attitude héroïque, l'une des attitudes possibles face aux visages de Kronos consiste à capter les forces vitales du devenir, à transmuter en talismans bénéfiques les traits meurtriers du Temps ou à incorporer au mouvement temporel les figures rassurantes du cycle.

L'antidote du temps sera recherché dans la chaude et rassurante intimité de la substance. La « structure nocturne » sera celle de l'euphémisme. C'est l'aspect rassurant de la féminité qui est valorisé (miniaturisation).

Ainsi du chaotique empire

l'arc-en-ciel renaît chaque fois
(« Magie des couleurs », DP 151).

L'eau, « à la façon d'une opale est pleine de combinaisons de couleurs » (VI 160). Ce chatoiement aux couleurs du spectre, maléfique lorsqu'il s'agit de l'opale, est bénéfique dans le cas des perles. Si la lune, triste, fait couler une larme, c'est une larme d'opale :

> Quand parfois sur ce globe, en sa langueur oisive,
> Elle laisse filer une larme furtive,
> Un poète pieux, ennemi du sommeil,
> Dans le creux de sa main prend cette larme pâle,
> Aux reflets irisés comme un fragment d'opale,
> Et la met dans son cœur loin des yeux du soleil.
> (Baudelaire, « Tristesse de la lune », *Œuvres complètes,* Gallimard, 1953, p. 139).

La perle joue un rôle considérable « dans la spéculation, dans le christianisme et dans la gnose » ; elle serait « le résultat de l'union entre le Feu et l'Eau » (Mircea Eliade, *Images et symboles*, Gallimard, 1980, p. 195).

Quant au pétale, il forme une courbure « arquée ». L'arc posé par Zeus lance une flèche qui n'est pas éloignée du vol d'Iris, rapide comme le vent. L'arche participe « à/de l'arc-en-ciel ». Simone Vierne signale que les dictionnaires étymologiques s'accordent pour considérer qu'Iris, la déesse, et» qu'iris, l'arc-en-ciel, la plante, la partie de l'œil ou le cristal sont des mots ayant la même racine indo-européenne, qui se trouve dans des mots comme « itea, l'osier, l'arc, vitid », la plante à vrille, la vigne, « la spirale », Toutes les plantes de ce type « qui grimpent le long d'une perche (...) dressent leurs vrilles follement baroques » (DP 188-9). Cette spirale marque la parenté profonde entre le météore et la déesse messagère : le lien, le passage. C'est ainsi que les pétales frais d'Iris risquent

« un œil à l'extérieur » de leurs fines parties « enroulées sur elles-mêmes ».

Anselme devine « une ligne claire et veinée et le gouffre lointain et odorant de l'âme » (124). Bientôt naîtraient les premiers rêves d'Iris, paisiblement, du « gouffre suave, enchanteur », rejoignant les rêves d'Anselme et son « monde étranger », son « monde intérieur » (128), là où sont chez eux les êtres qui gardent le secret de l'enfance.

Plus tard, Anselme fait la connaissance d'une jeune fille, Iris. Ce nom éveille des souvenirs dans son esprit, mais il ne sait pas lesquels (132). Elle demande à Anselme, qui veut l'épouser, de commencer par» retrouver ce souvenir.

La constellation que nous trouvons dans Iris fait apparaître que le but recherché est la pénétration d'un centre. Le rêve de descente» est un rêve de retour. Le repos est dominé « par un psychisme involutif ». « Il prend les allures de l'enroulement sur soi-même, d'un corps qui devient objet pour soi-même » (TRR 5). La descente se double des symboles de l'intimité. La pénétration moelleuse s'accompagne de la qualité thermique. La lumière « joue et rit à la surface des choses, mais, seule, la chaleur » complexe de Novalis « synthétiserait alors l'impulsion vers le feu provoqué par le frottement, le besoin d'une chaleur partagée » (PF 70). Chaleur conjointe à l'Ether chez Novalis. Dans une lettre à Schlegel, il écrit : « Vois en mon conte mon antipathie pour les jeux de la lumière et de l'ombre, et le désir de l'Ether clair, chaud et pénétrant ».

Le retour imaginaire est toujours une « rentrée » plus ou moins viscérale (G. Durand). Le ventre, digestif ou sexuel, est euphémisation du gouffre, cavité accueillante (TRR 142). Le complexe de Novalis rejoint le « complexe de Jonas » : rêve de vivre vraiment « chez soi », « au centre de son propre être », « dans son propre ventre » (TRR 133).

Cavité valorisée positivement, le ventre est relié à la richesse, aux figures féminines de la fécondité (Gaïa est la grand-mère d'Iris), de la profondeur aquatique ou tellurique (cf. la figure mazdéenne de Sarasvati).

> Un air venu d'un autre monde
> (M 138)

> Votre âme, c'est cette éternelle mélodie
> Hors du temps, qui jamais ne change de valeur,
> Dont nous avons trop tôt dû laisser la patrie
> Et dont toujours l'écho brûle dans notre coeur
> (ibid. 79).

« Nous avons été et nous sommes tous nos souvenirs d'enfants », écrivait Fournier (avant-texte du *Grand Meaulnes*, f° 202)

« Nous regardons notre enfance avec des yeux de grande personne et nous n'y comprenons plus rien. / Nous avons plus de souvenirs de cet état que sur celui des limbes où les âmes attendaient tristement la naissance de nos corps ». Et il ajoutait : « Les plus grandes amours que nous ayons connues, méritées car la chair n'y comptait pour rien. Et nous avons été passionnément épris de petites filles qui paraissaient très laides au regard des grandes personnes » (ibid.). Les filles « ont des mines de pudeur espiègle, idylle paradisiaque, magnifique paysage avec des arbres superbes » (CI 152) ; « mais le vert Paradis des amours enfantines... » ; les petites filles sont souvent « d'une admirable beauté » (ibid. 98) ; « les belles petites mendiantes aux yeux d'Hindous noirs et tristes » (87) ; « la fille aînée, d'une dizaine d'années, une beauté » (125) ; Gretchen, « onze ans, nerveuse et de petite santé, m'est déjà très attachée » (ibid.) ; « une jolie petite fille aux boucles sombres avec des bracelets d'argent » (145).

NUIT

À la différence de la nuit de tous les dangers, la nuit hessienne est valorisée en termes d'éclairement, ainsi « l'eau noire » qui scintille légèrement « dans un faible rayon de lumière » (VN 74-5). La nuit emprunte beaucoup au jour :

> Passionnément, nous nous tournons, lassés du jour,
> Vers la nuit ambrosiaque de tes chants
> Dont le battement d'aile
> Nous abrite de leur rêve d'or
> ("Ode à Hölderlin")

..

Certes, dans le kaléidoscope d'images que constitue l'œuvre, il y a place pour celles de la « nuit noire » comme de l'ombre abyssale (PC 85) : « Une nuit sans étoiles, profonde et noire, était tombée » (CI 21), une « nuit d'un noir d'encre », malsaine, « chargée d'humidité » (93), « une obscurité aussi épaisse, dense et lourde que la désagréable odeur d'huile de coco », une obscurité totale qu'accompagne « le son monotone des machines du bateau » (43). Et Hermann résume ainsi sa pensée : en Europe, « nous n'avons aucune idée de ce qu'est vraiment l'obscurité nocturne » (64). Mais, à côté de la nuit néfaste, s'impose la « douce nuit » : même elle apporte « le souffle étouffant du désert », elle est « la nuit bleue » (20), à l'« air bleuté et rafraîchi » (CI 78), le bleu appartenant aussi au lac ou au lac et au ciel confondus : « Ce merveilleux petit lac alpestre (...) ouvre au milieu de sa surface de cristal vert, un grand œil d'un bleu profond » (DP 60).Il était une fois un lac : « Sur le bleu du lac et le bleu du ciel se découpait, vert et jaune, un arbre dans sa livrée printanière » (ibid. 150). « Ivresse d'aspirer les parfums provenant d'opulents jardins au bord du lac ».

Le recours au code herméneutique a pour effet de valoriser positivement la nuit : « Soirée ensorcelante » (182), « Sous la pleine lune », la côte africaine prend « un aspect fabuleux » (183) ; nuit « merveilleuse » (184). Les lumières naturelles sont associées aux lumières artificielles qui les relient souvent : « Les étoiles scintillent comme de vertes escarboucles dans les petites lucarnes qui se dessinent entre les frondaisons tandis que les essaims de lucioles brillent du même feu glacial et que la flottille des bateaux vogue sur la mer, ville mystérieuse aux mille lampions rouges » (76). Comme dans *Le Grand Meaulnes* :

> Là-haut les lampions de la fête
> Dansent aux balcons décorés (CI 73).

Un « espace ténébreux » est rendu visible par « un grand nombre de petites bougies minces, telle une assemblée confuse de feux-follets » (93). La nuit bienheureuse est placée sous le signe de l'oxymore de la claire obscurité (cf. Franz Hellens, *Mélusine*). Par une inversion dont l'imagination nocturne est coutumière, ce ne sont pas les flammes qui dansent, selon une image consacrée, mais les ténèbres : « Les ténèbres exécutaient devant moi une danse flamboyante grâce aux centaines de points d'or de tous les lumignons » (94). Nuit « éclairée de mille et mille flambeaux » (78) « Les flambeaux des jeunes gens se reflètent dans l'étang » (96). « Nous fûmes accueillis par la brise nocturne de mer, le miroitement des lumières du port et le sombre éclat des étoiles » (CI 84). Constellation de la nuit éclairée et des reflets sur l'eau. Nuit « immense et bleue constellée d'étoiles et de lueurs phosphorescentes de l'eau claire du sillage de notre bateau » (210). « Les lanternes des coquettes boutiques chinoises flottant sur des radeaux arrachent à l'obscurité de ravissantes scènes asiatiques de la vie nocturne sur l'eau » (47). La menace de l'eau néfaste peut être rappelée : « Sur l'eau rayée de noir à l'infini scintillent de violets reflets vénéneux »

(CI 11) (Cf. « c'est un vent vénéneux qui tremble », 13) ; il reste que le reflet, associé à l'intimité du refuge, appartient à la douce nuit : « La nuit bienveillante est maternée » par l'élément liquide :

> La nuit, bercée par l'océan,
> Par le pâle éclat des étoiles
> Se mire dans ses grandes vagues (85).

La « multicolorisation » est liée à la valorisation positive de la femme. Mélusine à « la robe de saphir » (Hellens) symbolise le chatoiement de la substance. « Celui qui connaît la lagune sous le soleil me comprendra : l'éclat multicolore de la surface plane de l'eau » et, s'ajoutant à cela, « l'éclat de la voile rouge », tout ce tableau est d'une « si fascinante beauté que l'on croit rêver et que l'on craint constamment que l'image de la ville des merveilles » puisse soudain disparaître « comme le jeu de l'irisation sur un nuage au soleil » (VI 47). « L'eau, à la façon d'une opale est pleine de combinaisons de couleurs » (ibid. 160, déjà cité). Richesse du prisme et des gemmes : « Dans le ciel rougeoie encore une surabondance de lumière, certains murs rutilent encore comme des pierres précieuses » (DP 188). Même les yeux du crapaud sont « de vraies pierres précieuses » (ibid. 207). La rêverie d'intimité magnifie aussi la teinture qui est « une vérité des profondeurs » (TRR 33).

MUSE

Comme le laissait pressentir le bercement des eaux, le rythme appelle la mélodie». « La mer en mesures égales/ chante » (PC 35).

Mélodie dont la fluidité évoque la liquidité : « Louis jouait et elle voyait une étendue d'eau vaste et sombre se mouvoir sur des rythmes amples » (M 48). Comme le mythe, la musique, « au-delà de toute science et de toute langue », décrit « secrètement l'âme de l'homme » (ibid. 40) : elle n'exige que notre âme, mais elle la veut « tout entière » (128). La musique, « et en particulier la musique de la prose, est l'un des rares moyens véritablement magiques et enchanteurs dont la littérature dispose aujourd'hui » (ML 322). Hyperion, « nous ne cessons de nous détourner de sa bienheureuse mélancolie et conservons pour toujours dans l'âme le pathétique de sa fabuleuse musique » (ibid. 123). Magie de la musique : la flûte (enchantée ?) fait entendre une mélodie qui a le don de nous rapatrier. « La vraie joie (qui) n'est pas de ce monde » ouvre pourtant la porte et « vient se pencher contre (notre) cœur » : sur chaque barrière des champs d'alentour, « un enfant est perché, en robe blanche, le pieds pendants, et souffle dans une flûte d'or, à intervalles réguliers » (Alain-Fournier, lettre à Rivière, 27 juillet 1909. « Correspondance », II, p. 252). Rencontre avec le romantisme allemand (à laquelle Fromentin n'est pas étranger) : « Le pays crépusculaire s'éveilla, et tout se métamorphosa ; car les fleurs, les étoiles, les sons, les colombes n'étaient autre chose que des enfants endormis (...) Les enfants, l'un après l'autre, s'envolaient (...) celui qui partait devenait au loin une petite tache rose de crépuscule, puis une petite étoile du soir, puis s'enfonçant plus avant dans le pays, un simple clair de lune sans lune ; enfin, il se perdait dans les lointains, en un son faiblissant de flûte » (Jean-Paul, *Choix de rêves*, Corti, 1964, pp. 177-8).

Là-bas un flûtiste jouait
Une très vieille mélodie
Dont l'air dans la nuit parvenu
A chacun disait sa patrie
(PC 163).

« La dernière ligne » du poème « La flûte » est :

Le temps entier était présent
(M 196),

Il est « le résultat final d'années de spéculation sur l'essence de la musique ». Le lecteur « se voit rappeler l'identité de l'instant et de l'éternité ».

L'OR DU RHIN

Constellation de la nuit, de l'élément aquatique, de la barque, de la multicolorisation, de la musique et de la Femme. Hermann entend chanter une belle voix féminine et s'abandonne « un long moment au plaisir de ce chant, qui semblait s'unir intimement à la nuit et à la lumière de la lune, et appartenir en propre à cette heure douce et belle » (VI 49). Le cœur de l'« artiste » « bat au rythme des vagues » et « éprouve de l'amour et de la reconnaissance pour la beauté des lumières, des couleurs et des sons » (DP 234). Le culte de la nature chez Hugo et les romantiques ne serait pas autre chose qu'une projection d'un complexe de retour à la mère (SAI 263) : « Bien souvent nous avons infiniment plus besoin d'une mère que d'un père ! » (ML 181). « Il me faudra toujours ressembler à ma mère » (CI 104) et, à l'adresse de la « divinité » :

N'est-il pas étrange, admirable
Que ruisselle ainsi chaque nuit
La fontaine et son léger bruit

> A l'ombre fraîche de l'érable ?
> (PC 41).

Image appelée par cet « esprit d'Orient » qui est « retour aux sources et renouvellement fécond » et aux « conditions merveilleuses d'une humanité au stade de l'enfance » (CI 209).

C'est cette intimité féminoïde que Hermann retrouve dans le jardin : « À nouveau je retourne au jardin bien aimé ». En relisant *Le peintre Nolten*, roman d'E. Mšrike, (l'un des auteurs favoris de Hermann Hesse, PC 103 et note), le jardin qui, lui aussi, est associé à la fontaine dans cette « Ode à Hölderlin » :

> Je reviens vers toi empli de gratitude, ami de jeunesse,
> Bien des soirs, à cette heure où parmi les lilas
> Du jardin endormi,
> Veille seul le murmure de la fontaine
> (ibid. 70).

Le jardin, miniaturisé, nous l'avons vu, est, comme la maison, synonyme de refuge et de protection (cf. le « coin, petite maison dans la grande » (TRR 124 et PE 130-145), maison « pleine de recoins et de complications étranges » (DP 44) ; « maison et jardin sont décrits à peu près tels qu'ils sont dans mon fragment de roman », mais ce roman s'intitule *La Maison des rêves* (ibid. 45). « Ce jardin renferme toutes les essences du Midi » (cf. A. Dhôtel), sous forme de vieux arbres superbes, confondant leurs frondaisons et tout couverts de glycines et de clématites. « La maison est presque entièrement cachée depuis le village» (DP 48), mais le jardin est « plus important que la maison » (ibid. 39).

La « fermeture » procurée par le jardin, la forêt, voire l'embarcation, n'empêche pas la « rêverie d'essor» (Bachelard). Hermann est convaincu d'être « un nomade », un chasseur, un non-sédentaire, un solitaire (DP 39), « plus primitif que le paysan » (125)

Chaque commencement recèle une magie (PC 169).

> Le départ vers d'autres horizons
> Peut seul nous arracher à la lâche habitude
> (ibid.).

Il s'éloigne à travers une foule dense, « sentant se réveiller, se renforcer et s'approfondir » tout ce qu'il porte en lui « de nostalgie, de besoin d'aventure », d'insurmontable et instinctive hantise des lointains » (DP 108).

> Ah ! je voudrais m'enfuir et suivre,
> Quittant pays, jardin, maison,
> Ce magnifique appel qui m'enivre,
> Toujours plus loin, vers l'horizon !
> (PC 171).

« Anywhere out of the world » :

> Étoiles, lune dans les cieux,

Bi-polarité dont Hermann est conscient : « Je voulais sans doute être poète, mais néanmoins aussi bourgeois. Je voulais être un artiste et un homme d'imagination, mais posséder aussi vertu et enracinement » (DP 126). On perd « la belle liberté de sa jeunesse et toute la joie légère et innocente du paradis » quand « on perd sa terre natale » (M 51), sa « petite patrie », cette région chère au cœur de

Hermann et qui englobe le sud-ouest de l'Allemagne et une partie de la Suisse», p 23) où l'allemand bernois « résonne avec la richesse et la forme originelle du moyen haut allemand » (ML 132), « où chaque vallée alémanique a ouverture sur le monde » (DP 27), mais inspire aussi la nostalgie du souvenir de la mère, « de nouveaux symboles de la vie », et indique « la voie du retour » (ibid. 141). Le noyau central du désir de partir et son « sens », c'est le souvenir de la mère (DP 141). « Tous les chemins sont ceux du retour ; chaque pas est une naissance, chaque pas est une mort, chaque tombe est une mère » (ibid.). Pour ceux qui vivent « dans l'errance, tous les chemins ramènent à la maison » (128).

NOÉ

La demeure sur l'eau conjoint les contraires : refuge et évasion. Elle assure au déplacement, comme la « maison qui roule », son rythme berceur : le coolie « vous tire en trottinant et vous berce » au rythme de son allure (CI 74), mais la demeure sur l'eau, la barque, la nef ou l'arche, est plus luxuriante dans l'imagination. Iles miniaturisées, « maisonnettes flottantes, entièrement entourées d'eau » (ibid. 150). La primitivité est plutôt l'apanage du « wanderer », mais, au régime nocturne, l'image de l'intimité peut lui être associée : « Il est venu un assez grand nombre de barques, la plupart sont des troncs d'arbre creusés » (CI 137). Des troncs sont remorqués sur « des luges primitives » (ibid. 35). L'embarcation « est une petite barque étroite, une nacelle vacillante » dont « le tirant d'eau ne dépasse pas la largeur d'une main » (54)». La « fusiformité » de l'embarcation suggère « la quenouille des fileuses ou les cornes de la lune » (SAI 285) et, en vertu d'une réciprocité dont l'imaginaire nocturne est coutumier, la lune est comparée à la barque : « Une moitié de lune travers(e) horizontalement les ténèbres, telle une barque » (CI 105).

HÉCATE

La lune confère la grâce « aux heures nocturnes de la nuit » (VN 67). Présence à peu près constante de la lune lorsque sont évoquées des scènes nocturnes :

> La lune ou bien la blanche étoile sont les compagnes
> de mes jeux
> (M 110)
>
> Mais la douce nuit
> Tendant sur moi son voile obscur
> Sur le visage de ma mère
> (ibid.)

La lune a raison d'un « immense nuage qui couvre toute la région » : on devine « par de petites ouvertures la clarté de la lune et d'une belle nuit » (ibid. 30). Son action est sédative :

> Je me couche (...)
> Attendant que le sommeil vienne et que la lune
> Baigne d'un frais éclat ce monde effarouché
> (CI 31).

« Une nuit de lune printanière, chaude et claire » (VI 195). Certains de ses aspects rappellent que l'une de ses quatre phases est « la lune noire ». Le ciel est d'un « bleu sombre avec croissant de lune métallique » (ibid. 180). Nuit au-dessus de l'Afrique : « Sur la montagne, lune et couleur bleue et froide » (183). Froideur exceptionnelle : on a dit que le bleu était ouranien, ce qui, à ce régime, ne l'excluait pas des images d'intimité : « Tout paysan qui attise quelque part, en rêvant, son feu entre les ceps de vigne et les pieds de ronces semble ne le faire que pour cette rêverie » et « pour mêler plus intimement et plus musicalement le bleu des lointains aux nuances de jaune, de rouge et de brun des alentours » (DP 204).

Le cycle lunaire est le symbole de la répétition temporelle. L'accent est mis sur le mouvement et la transformation : « La lune a parcouru son petit arc en cercle, elle décline et s'enfonce» (CI 12). La lune « court, comme poursuivie, comme le rouage d'une montre » (DP 167). Les « belles » silhouettes abruptes des côtes» apparaissent telles « sous la pleine lune » (CI 121). L'écrivain est attentif à ces phases de la compagne des belles nuits : « Belle soirée, lune presque pleine » (141). Il les associe au rythme nycthéméral : le « crépuscule, avec un croissant de lune » (159), et à la succession des saisons : « Encore un autre été, dans un tardif orage », nous a quittés (PC 175).

De même que l'évaporation de l'eau et son retour vers la terre sous forme de pluie obéissent à un certain rythme», que « les saisons ou les marées ont leur cycle et leur ordre de succession bien établis », tout, dans « notre être intérieur, se conforme ainsi à des lois et des rythmes » (DP 152). Un certain professeur Fliess a découvert diverses « suites numériques qui déterminent le retour périodique des processus vitaux » (ibid.).

Comme toi tronqué, tourmenté
(« Chêne amputé », PC 129)

Rameau déchiqueté, tordu,
Lançant là depuis mainte année

Au vent son chant sec et bourru
(PC 191)

L'homme n'avait-il pas son arbre personnel qui lui servait de cercueil (Todtenbaum) ? Comme les grands hommes, ce sont « des sanctuaires » : « Je les vénère encore plus lorsqu'ils vont par un, comme des êtres solitaires » (DP 140), « comme de grands hommes que la vie a rendus solitaires, tels Beethoven et Nietzsche. Dans leurs cimes c'est le bruissement du monde, alors que leurs racines s'enfoncent dans l'infini » (ibid.).

L'ARBRE

Bachelard classe l'arbre parmi les images ascensionnelles (AS 231) et G. Durand estime que l'« intention archétypale de l'arbre» ne conserve que « la phase ascendante du rythme cyclique » (SAI 391). « Un magnifique couple de cyprès jumeaux, deux troncs qui partent d'une même racine, et dont la double cime, souple et touffue, noire et pointue se dresse vers le ciel » (VI 36). Au « fuir d'ici », sont associées les images verticales et les mouvements d'ascension. L'escalier est « porteur d'un symbolisme extrêmement riche sans cesser d'être parfaitement cohérent : il figure plastiquement la rupture de niveau qui rend possible le passage d'un mode d'être à un autre » (IS 63). Le rêve de vol est vraiment « le voyage en soi », le « voyage imaginaire » le plus réel de tous (AS 33) : il est désir d'évasion. L'« instinct » énigmatique du voyage apparaît à Hermann « comme une sorte de goût pour l'aventure » (VI 291). Entendue comme moyen d'échapper à une existence insipide et comme substitut de l'action : « Les voyages remplacent non seulement un morceau d'existence qui s'est affadi, pour nous qui sommes devenus plus intellectuels, ils remplacent en particulier l'action » (ibid. 292).

La lune, « le mort qui ressuscite » (Bachelard), entre dans la composition du « complexe de Caron ». « La Mort ne fut-elle pas le premier voyageur ? » se demande Bachelard (ER 100). C'est ce départ qui est à l'origine de toute aventure maritime. Toute barque est un peu « vaisseau fantôme » ou « nef des fous » (cf. Pierre Mac Orlan). « La joie de naviguer est toujours menacée par la peur de sombrer » (SAI 286). « Cette chaleur satanique semblait s'enfler en permanence (...) Tout le navire était clairement en voie de devenir fou (...) J'avais l'impression que notre navire se précipitait tout droit dans l'une des gueules ardentes de l'enfer » (CI 82-83) Hermann se compare à « une barque bousculée » (104). Le plus souvent, la demeure sur l'eau est coque protectrice, réceptacle et habitacle, associée à la lenteur : « Des centaines de barques glissant en silence, ou des radeaux qui transportent des petites boutiques » (ibid. 210). La demeure sur l'eau entre en concurrence avec la chaumière : elle aussi est « coordonnée» au cœur » (*La Conversion de Casanova*, CC).

Chacun sait que le XXe siècle regorge d'oeuvres manifestement inspirées par les mythes de l'Antiquité ou du Moyen Age : Œdipe, Electre, Merlin...

L'écrivain insiste sur le fait que le genre de littérature qu'il pratique « ne connaît guère de travail rationnel qui dépendrait de la seule volonté, et que l'on pourrait produire à force d'être assidu » (227). Un romancier averti, comme Hesse, reconnaît volontiers qu'il écrit, en partie, sous la dictée de l'inconscient. Une nouvelle œuvre commence à naître pour lui « au moment où se profile une figure » prégnante qui peut devenir « le symbole et le dépositaire » de ses expériences, de ses pensées et de ses problèmes (ibid.) ainsi que de ses haines. « Au n° 64, se trouvait le Hollandais. (...) Il devint pour moi une figure mythique, une idole, un démon et un fantôme que j'ai réussi à vaincre depuis peu seulement (C 91-92) par un processus de mythification, je transforme cet homme en mon ennemi et mon contraire. Le Hollandais, ce personnage à la santé de fer, à l'allure prospère, élégante et au porte-monnaie bien rempli, symbolise pour moi qui ne suis qu'un outsider, l'ennemi en soi par le type même qu'il incarne. » (C 97)

Ses problèmes ont toutes chances d'être, en grande partie, les mythologèmes de l'humanité : interrogations ontologiques portant sur la vie, la rencontre des sexes... « Gilgamesh doit mourir, il n'y a pas d'éternité pour lui, le héros, d'autre destin que celui de n'importe quel pauvre homme » (BU 10). Hesse déclare sans ambages que l'apparition de ce personnage mythique « correspond au moment créateur dont découle tout le reste » (ML 227).

Si la prégnance mythique n'est pas billevesée, la figure d'Hermès doit se profiler, aussi, derrière des écrits autres que les romans hessiens (cf. C. Herzfeld, *Hermann Hesse et le jardin nocturne*, L'Harmattan, 2016) et *Iris*, Université Stendhal, Grenoble, 1989).

La détermination de la figure mythique latente est approximative. Notre choix s'est porté sur Hermès qui conjoint le Ciel et la Terre. Cette fonction, Iris la remplit également. La déesse messagère dont le météore est un message apparaît avec de grandes ailes dorées ; elle porte aux pieds des sandales ailées et tient, dans une main, le bâton du héraut ; Hermès revêt souvent un casque ailé, des ailettes sont attachées à ses talons et il tient (comme Circé) une baguette magique (dont on fera le caducée). On comprend que Simone Vierne rêve d'écrire comment, un jour, Iris, aidée d'Hermès, refusa de transmettre un message portant la guerre et, ce faisant, assuma pleinement son rôle de médiatrice. Unie à Hermès, elle donnerait naissance à un enfant : Hermiris.

Le temps est venu, des métamorphoses auxquelles le kaléidoscope nous fait assister :

Devenu à la fois oiseau, papillon de nuit, poisson et nuage, je me suis plongé dans l'univers joyeux, éphémère et enfantin des métamorphoses (C 90).

En attendant la métamorphose finale ; de sa « fin », Hermann dit qu'elle ne signifie en aucun cas l'anéantissement total. Elle ne peut être synonyme que de métaphore (C 147).

Pendant un moment, j'eus l'impression que cette salle remplie de gens malades (...) était à l'image de toute notre vie d'hommes civilisés (C 157).

Le « Curiste » constate que la « maladie » est supportable à condition de recourir à la Joie :

Il n'y avait qu'à s'esclaffer pour cesser d'être de mornes curistes assis à une table de restaurant et devenir les joyeux invités de Dieu installés à la table bigarrée du monde (C 158).

Toute descente suggère un redoublement. Elle est à l'origine des fantasmes d'emboîtement dans lesquels la dialectique de base est celle du contenu et du contenant. Le processus l'inversion passe par une « relativisation des termes » qui aboutit à inverser le « bon sens » en faisant « entrer le grand dans le petit » (SAI 238). Un détail redouble l'ensemble en le miniaturisant (cf. la mise en abyme) et nous conduit au « redoublement gulliverisant ». Cette « mise en miniature » nous donne « tous les trésors de l'intimité des choses » (TRR 14) et nous convainc de la « puissance du petit » (PE 154) :

Nous ne nous sentons presque jamais comblés par une joie aussi intense et merveilleuse que celle que nous avons éprouvée dans notre enfance (C 138).

BONSAÏ

Les miniatures « sont des objets faux pourvus d'une objectivité psychologique vraie » (PE 140). L'imagination « miniaturante » est une imagination naturelle (141). Et Bachelard cite Hermann Hesse, ce « rêveur né », « poète de la miniature », qui raconte (revue *Fontaine*, n° 57, p. 725) l'histoire d'un prisonnier. Il a peint sur le mur de son cachot un paysage : un petit train y entre dans un tunnel. Quand ses geôliers viennent le chercher, il leur demande « gentiment qu'ils attendissent un moment pour que je puisse entrer dans le petit train de ma toile afin d'y vérifier quelque chose. A leur habitude, ils se mirent à rire, car ils me regardaient comme un faible d'esprit. Je me fis tout petit. J'entrai dans mon tableau, montai dans le petit train qui se mit en marche et disparut dans le noir du petit tunnel. Pendant quelques instants, l'on aperçut encore un peu de fumée floconneuse qui sortait du trou rond. Puis cette fumée se dissipa et avec elle le tableau et avec le tableau ma personne. » La miniature « fait rêver » (143) : les valeurs « se condensent et s'enrichissent » en elle (142).

BÉATRICE

La féminité est atténuée grâce à la mise en miniature de la fille d'Eve. La « puérilisation » s'accompagne de l'éloge de la joliesse : « L'un des enfants, allongé dans la faible lumière rouge, était une très belle fillette d'environ neuf ou dix ans aux cheveux longs » (CI 42). Le regard « revêt une importance capitale ». Il véhicule une révélation : « Une fillette de huit ans s'était assise sur mes genoux, enfant vive et de belle prestance, à la chevelure blonde et bien proportionnée (...) J'étais ravi de plonger dans ce regard d'enfant, clair et pourtant sérieux (...) elle me contemplait de ses grands yeux, abîmes infini » (VI 7). Voici « dressée sur ses petits pieds basanés ornés d'anneaux, la jolie fillette aux "longs cheveux" et aux "beaux yeux paisibles". La fillette me regarda encore un bon moment fixement dans les yeux » (ibid. 45). Proche de l'En-de de la naissance, la Fillette, par sa jeunesse inséparable de sa beauté, représente le monde paradisiaque d'avant l'incarnation : « Les grands rêveurs d'enfance sont attirés par cet au-delà de la naissance » (PR 96). « J'avais alors un ami passeur dont le nom ne me revient plus. C'était il y a mille ans. » (C 172)

Revisiter sa jeunesse, un « Moyen Age » dont Hermann est plus proche « et qui possédait autant d'attraits » et examiner les reliques de cette époque mythique : photo de classe « charmantes et ridicules » (VN 76), cela ne suffit pas. Le spectacle d'« une piété naïve et qui s'affiche avec tous ses ornements » agit toujours « comme le souvenir d'une enfance perdue de l'âme, de paradis lointains, d'une bienheureuse primitivité et innocence de la vie religieuse » (DP 159). Une odeur peut éveiller « d'autres enfances, plus lointaines et plus profondes » (DP 124). La musique déclenche l'anamnèse.

CRYPTE

Le traumatisme de la naissance pousserait à « se réfugier dans le substitut caverneux du ventre maternel » (SAI 275), dans cette « nuit souterraine, nuit enclose, nuit de la profondeur, nuit de la mort » (TRR 194) : « Lorsque je viens ici (au sous-sol), j'ai toujours l'impression de pénétrer dans une grotte ; cela m'inspire un sentiment à la fois mystérieux et réconfortant que j'éprouvais déjà dans mon enfance, lorsque je me construisais une tanière à l'aide d'une table, de deux chaises, de quelques descentes de lit ou de tapis. » (C 50)

Dans la constellation de l'intimité, « la primauté est donnée » aux images « de l'espace bienheureux, du centre paradisiaque » (SAI 280), sacralisé par sa fermeture : « îles au symbolisme amniotique, ou encore forêt dont l'horizon se clôt sur lui-même » (SAI 281). G. Durand retient « l'infrastructure édénique et rankienne du lieu saint, qui est avant tout refuge, réceptacle géographique » (ibid.), d'un « bleu » emprunté aux montagnes ouraniennes ! « Montagnes perdues dans la brume et le rêve » (CI 13), « monts lointains et bleus » (ibid. 14). Sa nostalgie appelait Novalis vers les « montagnes bleues ». « Le lieu sacré est une cosmisation, plus large que le microcosme de la demeure, de l'archétype de l'intimité féminoïde » (ibid.) Bien des images hessiennes évoquent le « locus amcoenus », le lien plaisant, motif que l'on peut suivre d'Homère à Walde, en passant par Goethe (cf. Pierre Galais, *La Fée à la fontaine et à l'arbre*, C.E.R.M.E.I.L, 1992, p. 285), et dont les motifs les plus importants sont : le printemps, les oiseaux, les bois, le « vert » et l'eau :

> Mais est-il nuit assez obscure
> Ou voyage assez incertain
> Pour n'être pas promesse sûre
> D'un proche et lumineux matin ?
> (PC 35).

« Souffle magique du crépuscule » (DP 176), moment que choisit « l'éternité » pour « couler » de « cimes crépusculaires d'une hauteur céleste » (CI 83). Le doré appartient donc aux couleurs « vespérales », la « magie dorée » du crépuscule passe « sur le monde » (DP 166). Par une inversion à laquelle nous sommes habitués, le crépuscule favorise l'éveil : « Je reprendrai mes esprits au crépuscule » (VN 124). Si les « premiers feux du matin rapide restaur(ent) la vie », « l'irruption élémentaire de la nuit » change tout « de fond en comble » (CI 197. Une autre lumière ou, plus exactement, une lumière « autre » s'impose, insolite : « Presque tout est déjà dans l'ombre et une lumière singulière règne sur ce paysage silencieux » (M 76). Si le mot « aurore » désigne la « jeune conscience » par laquelle le premier homme prend possession de la terre consentante (M 37), « le reste de la lumière du jour » est hésitant (DP 174), méfiance de la face diurne de notre imaginaire à l'égard des images « nocturnes ». Cependant Hermann se dit :

Charmé par les sonorités merveilleuses des vers d'Eichendorff et totalement pénétré par l'atmosphère matinale qu'ils évoquent (C 47).

Aux phases de la lune, au rythme nycthéméral, s'ajoute le support de la végétation saisonnière. Compénétration des saisons» confusion paradisiaque qui est promesse d'Eternel retour : le fond de la magnifique vallée de Grindelwald était « presque sans neige et, aux heures chaudes de midi, on pouvait voir au-dessus du village la mince couche restante s'égoutter sur les pierres et venir étinceler "comme au printemps" sur les jeunes pousses vertes » (ibid. 109). Tout comme le cycle lunaire, le cycle végétal est découpé en phases temporelles : il y a, dans « l'ensevelissement du grain, un temps mort » correspondant à la « lune noire » (SAI 340). L'arbre appartient à la « mythologie cyclique », mais sa verticalité le fait échapper à la seule « imagination saisonnière du végétal » (390), « oriente d'une manière irréversible le devenir » et l'humanise en le rapprochant de « la station verticale significative de l'espèce humaine » (391). L'arbre hessien, anthropomorphe, connaît les mêmes vicissitudes que l'être humain, incomplétude et déréliction:

L'oiseau symbolise le poète. Dans le monde onirique, « on se croit des ailes parce qu'on a volés » (AS 36), l'aile étant « l'outil ascensionnel par excellence » (SAI 144).

Le sommeil est venu facilement. Cet oiseau si craintif s'est approché avec confiance et m'a emmené au paradis des ailes bleues (90).

Convergence de l'escalier, de l'échelle, de l'aile et de la flèche. Le « symbole » nous renvoie au verbe « voler », non au substantif, l'image de l'oiseau, au désir d'élévation. L'oiseau, désanimalisé, est « pure image », « pure image spirituelle, qui ne trouve sa vie que dans l'imagination aérienne, comme centre des métaphores de l'air et de l'ascension » (AS 103-104). L'aigle est l'oiseau symbolique hessien : « La première fois j'étais encore presque enfant, lorsque j'aperçus haut dans l'air argenté la splendide courbe dessinée d'un trait sûr par son vol et appris que ce grand oiseau était un aigle, je sentis battre mon cœur et reconnus dans cette manière royale de planer un chant et un symbole » (DP 51). Autre résident du ciel, le nuage qui est « de la couleur du duvet des colombes » (ML 365). La cosmisation n'est pas étrangère à l'accord de l'âme et de l'oiseau :

> Mon âme revole à ces temps
> Oubliés, ces lointaines ères
> Où l'oiseau, le souffle des vents
> Me ressemblaient, étaient mes frères
> (PC 49).

Aussi n'est-on pas surpris que, si le chef d'orchestre « agite les mains », il fasse songer à un oiseau battant des ailes (M 36). Plus intimement encore, l'oiseau est lié à l'écrivain Hesse : « Comment pourrais-je savoir si ce n'est pas demain soir que surgira un de ces moments parfaits et rares où l'oiseau magique chante à mon oreille, où je suis attiré par la volupté de l'écriture» (VN 20) (cf. « L'oiseau de Montagsdorf », in *Les Frères du Soleil*).

AZUR

Les nuages sont touchés par la verticalisation : les blancs « nuages du matin » revêtent « les formes fantastiques et abruptes de tours et d'arbres géants »

(CI 75). L'horizon est rempli « de ces hauts nuages clairs en forme de tours » (ibid. 166), formes qu'empruntent les rochers (181). Un isotopisme unit l'ascension à la lumière et à la pureté de l'azur. Le paysage de montagne se dévoile tout entier, « riant et étincelant au soleil dans un air d'une douceur transparente sous un ciel pur, calme et d'un bleu presque violet » (DP 53). Quand Hermann était enfant,

> Le ciel bleu rayonnait, triomphant,
> L'or faisait une frange au nuage
> (PC 75).

Le ciel bleu parcouru de petits nuages légèrement dorés resplendissait, lumineux et plein d'innocence au-dessus de la vallée de mes errements (C 90).

« Des centaines de journées d'hiver en montagne » s'éveillent dans sa mémoire, dorées et resplendissantes comme autant de joyaux. « A ce moment-là, je ne pensai plus ni à l'aigle ni aux nuits de lune » et il court se mêler à la « splendeur azurée » du paysage (DP 53). L'oiseau est une flèche de lumière :

> L'oiseau du rêve agite une aile de lumière
> (PC 113)

Azur et lumière sont féminisés : le ciel se fait berceau et, « dans un lacis d'or », Hermann « retourne en pleurant dans les bras de (sa) mère » (ibid.)

> Vent dans les buissons, chant d'oiseau,
> Haut dans l'azur baignant le monde,
> Passe un nuage, fier vaisseau ;
> Je rêve d'une femme blonde
> (PC 89).

Le ciel immense et bleu, là-haut,
Pour ma nostalgique paresse
Est un berceau
(ibid.).

Veut-il évoquer le réconfort apporté par la musique, Hermann la compare à l'azur» : « Lorsque nous ne trouvons plus de consolation dans l'azur du ciel, dans la nuit étoilée (...) jaillit des trésors de ma mémoire un lied de Schubert » (M 41). « Echo du cosmos » (PC, préface), la musique est « souvenir d'un paradis perdu », « empreinte d'un Dieu » (ibid. 34). Quand le « monde sonore » vient à la rencontre du maître, « une mélodie ruisselle dans l'incréé, la forme pénètre le chaos » (M 37). Le couronnement de l'imagination du cycle, c'est l'alternance des phases de chaos et de renaissance, alternance qui concerne aussi bien l'ontogénèse que la phylogénèse. J'admire, mieux, adore, les dieux hindoux (et) vénère (...) Ganesha (C 154).

Le « bout d'oreille » de la bien-aimée appelle l'évocation de Vishnou : « Je pensais à ma bien aimée, à ce petit bout d'oreille qui apparaissait au travers de sa chevelure (...). Tout comme la déesse Isis, le dieu Vishnou ou la fleur de lotus, ce gracieux petit bout d'oreille constituait un symbole et un emblème divin qui signifiait que le monde est à la fois un et multiple. » (C 172)

Le mal semble donc nécessaire « à l'avènement du bien » et l'on ne peut ignorer l'une ou l'autre des deux polarités : en Asie, « des peuples se décomposaient et périssaient, mais, de cette pourriture ne cessaient de se former rapidement de nouveaux mélanges ethniques avec une impérissable prodigalité » (CI 38). Dès à présent, malgré Kâlî, l'art transforme « le chaos en harmonie » (CI 222) : « Tout s'unit, souffrance et volupté pour créer des grands chœurs qui montent » (M 38). A l'instar de l'artiste, l'individu peut se créer, c'est-à-dire re-naître. La mort n'est pas « une fin mais une renaissance » : « Un jour, dans une ultime lassitude, la paix viendra et la terre maternelle me prendra dans son sein » (DP 134) : « Je suis prêt à mourir, prêt à renaître » (ibid. 129). « Cet instant d'apparent déclin est le même qui, dans l'individu, se fait expérience bouleversante», miracle, conversion. C'est le moment foudroyant où les pôles se touchent, où les frontières tombent, les normes se fondent » (CI 233), où l'on fait « courber les deux pôles jusqu'à les faire se rejoindre » (M 53).Jamais je ne parviendrai à faire se rejoindre les deux pôles de la vie, jamais je n'écrirai la mélodie à deux voies que symbolise notre existence (195).

Ce qui charmait Hermann en Othmar Schoeck et le lui rendait « si précieux, c'était la présence simultanée de contraires dans son être et la tension qui en résultait, la coexistence de la robustesse et de la faculté de souffrir » (M 74). La « coincidentia oppositorum » suppose un accord qui sauvegarde chacun des contraires : « Là où s'éteignent les contraires est le Nirvâna. Mais en moi ils brûlent encore et brillent d'un vif éclat, astres bénis de la nostalgie » (DP 156). Tirant certains enseignements de la psychanalyse, Hesse élabore pour lui-même « une idée » de ce qu'il appelle « la sagesse » : « Je sus qu'il existait une pensée bi-polaire, non unilatérale, synthétique » (CI 256) : il n'existe « aucun pôle qui n'ait pas son contraire » (ML 178).

Hermann exprime de plaisante façon cette bi-polarisation en indiquant le bon que l'on peut faire des douleurs articulaires : l'articulation de la pensée !

Plus nos jambes se raidissent, plus nous devons assouplir notre mode de penser, articuler notre réflexion autour de deux pôles et non plus d'un seul (C 12).

S'il était musicien, se pourrait sans difficulté écrire un chant à deux voix : « Toute personne capable de lire la musique pourrait déchiffrer ma mélodie. A chaque fois qu'elle verrait ou entendrait une note, elle percevrait simultanément la note contraire, sa sœur, son ennemie, son opposée. » (C 192)

Hermann se place sous l'égide de Jean Paul qui avait tenté de réaliser dans son œuvre ce qu'il avait été « incapable de faire dans sa vie » : « accepter l'existence des contraires, dire oui à tout, aux rêves comme à la vie quotidienne » (BU 189) :

J'emporte avec moi un carnet de notes, un crayon à papier et un livre de Jean Paul (C 71. Cf. 98, 177)

Hesse a cherché « un moyen d'expression pour la dualité », « le beau et le laid, le clair et le sombre, le péché et la sainteté » qui ne s'opposent que pour un temps « avant de se fondre l'un dans l'autre » (M 52). Selon lui, « les paroles les plus hautes de l'humanité sont ces quelques endroits où la dualité s'exprime en signes magiques, ces quelques formules ou symboles dans lesquels les grandes contradictions du monde sont reconnues à la fois comme nécessaires et comme illusoires. » (M 52).

Hese voudrait montrer que la beauté et la laideur, la clarté et l'obscurité, le péché et la sainteté ne s'opposent que passagèrement, qu'ils finissent toujours par se rejoindre. Les vérités humaines les plus sacrées sont celles qui réussissent de façon magique à exprimer cette dualité ; ce sont ces quelques proverbes et ces allégories mystérieuses où le sage reconnaît le caractère à la fois nécessaire et illusoire des grandes oppositions. Les pensées du Chinois Lao-tseu semblent parfois rapprocher le temps d'un éclair les deux pôles de l'existence humaine (C 193).

Nous savons bien que, dès notre naissance, « une destinée nous est impartie et que nous ne pouvons pas y échapper ; pourtant nous restons tous intimement et passionnément attachés à l'illusion que nous sommes libres » (C 31). Placée sous le signe du « vivant accord », l'imagination « synthétique », chez Hesse, affirme la conjonction des contraires et soutient qu'elle est illusoire.

ALTERNANCE

Hermann Hesse « en est arrivé à considérer tout ce que l'on croit réel, dans la perspective de la maia, c'est-à-dire de l'illusion universelle » (Marcel Brion, *Les Labyrinthes du temps*, Corti, 1994, p. 228). La vie pourrait bien « ne pas être autre chose qu'un ensemble d'éléments presque immatériels », en tous cas fragiles comme des perles de verre, « avec lesquelles la sagesse consisterait à jouer » (ibid.). Il faut reconnaître, dans tous les livres de Hesse, cette part d'ironie qu'on trouve chez Th. Mann, « style » qui correspond à la structure euphémisante de l'imaginaire. Cette ironie apparaît dans *Le Jeu* « comme une fin de non conclure » (ibid. 227) : « Moi j'aime mieux chercher et ne jamais trouver » (CI 9).

L'humour, « politesse du désespoir », est le fait d'hommes - et Hermann dit en faire partie - « plus doués pour ressentir la douleur que la joie » (VN 24). La nature réussit à « faire naître chez eux une qualité extrêmement belle et compliquée qui inspire à presque tout le monde un certain respect : l'humour » (ibid. 25).

Vieille demoiselle : elle ressemblait à une de ces vieilles femmes effrayantes que l'on trouve dans les contes et qui préparent des potions magiques afin de nuire à ceux qui sont plus heureux et plus beaux qu'elles (C 160).

Les mots sont chinois avec quelque « méprise dans l'intention d'amuser : Des centaines de confrères et de consœurs assistent au spectacle » (C 72). Les curistes : « J'étais entouré de concurrents qui poursuivaient le même but que moi, mais je les surpassais déjà largement » (C 22).

Deux boxeurs le malade et son médecin : « Puis le médecin arriva. Son visage avait une expression intelligente qui laissait supposer un esprit ouvert. Nous nous serrâmes cordialement la main comme il sied à deux boxeurs bien éduqués se préparant à combattre. Nous débutâmes prudemment, examinant chacun l'adversaire. » (C 35)

Le tragique et l'humour ne s'opposent pas ; ou plutôt, « ils ne s'opposent que parce qu'ils sont si étroitement complémentaires » (66). Il existe plusieurs sortes d'humour : « L'aimable hôtelier et l'hôtesse d'accueil me proposent généralement la "chambre la plus calme". Cependant ils ignorent que cette expression fatale provoque dans mon esprit un déferlement d'associations d'idées et de craintes ; elle réveille aussi mon goût prononcé de l'ironie et de l'autodérision. » (C 28)

Hesse les utilise toutes, « notamment l'humour noir » (82). Grâce à l'humour, dit Hermann « avec humour », on peut « même supporter l'existence des gares, des casernes, des conférences littéraires » (98). Il s'agit de préserver sa différence : Je mangeais en même temps que les autres les plats délicieux et riches qu'on nous servait le midi. Je le faisais par plaisir, tout en éprouvant un sentiment de supériorité et en veillant à garder une sorte de distance ironique (C 125).

Pendant la cure, il apprécie l'humour des autres : Le constructeur de tous ces bancs, un philanthrope qui est aussi doué d'un sens profond de la philosophie et de l'ironie, a choisi de les fabriquer en fer, si bien qu'en s'asseyant dessus, le curiste perclus de rhumatismes se trouve exposé à l'endroit le plus sensible de son corps malade à une sensation de froid impitoyable que son instinct le pousse à fuir immédiatement (C 59).

Le style de l'antiphrase est le triomphe de la totalisation rythmique des contrastes, telle la musique de Schumann dans laquelle « le vent passe en permanence », un vent « bondissant, joueur, aux rafales capricieuses, un souffle qui naît de façon surprenante et disparaît de même » (M 83). « C'est tantôt un courant et tantôt une haleine » (ibid.).

Th. Mann a bien vu que le « style » correspondant à cette structure était « le tantôt... tantôt » de l'alternance. Après avoir souligné la « hardiesse expérimentale du *Loup des steppes* » qui « ne le cède en rien à *Urien* et aux *Faux-monnayeurs* », le Lubeckois précise que cette « grande œuvre s'enracine dans le romantisme du terroir allemand, même si l'on y sent parfois le vieil original solitaire qui se détourne tantôt avec un dépit amusé, tantôt avec une nostalgie teintée de mysticisme de son monde et de son temps » (C 148). Hermann, passant en revue les « Nouveaux livres allemands », écrit, après avoir lu *Souffrance et grandeur des maîtres*, que Th. Mann, « cet esprit (qui) est aussi proche des "souffrances" de ces maîtres » ; « il y a en lui de l'et du démonisme « de l'être possédé par son œuvre jusqu'à s'y sacrifier tout entier » (C 111). La statue de Balzac d'Auguste Rodin, « cette silhouette visionnaire d'un Balzac qui transcende le temps, d'un Balzac gothique, possédé par son démon, concentre et exprime pour les hommes d'aujourd'hui tout au moins, toutes les facettes de ce maître qui est pour nous un formidable phénomène » (BU 236).

Dans une lettre à l'auteur, Hermann a recours à l'oxymoron pour caractériser « Le docteur Faustus » : « Il faut dire qu'il n'est pas possible de bien comprendre ce livre infernal et enchanteur à l'aide des catégories traditionnelles » (C 229). « Il les dépasse dans les deux sens, vers le haut et vers le bas, vers le sublime et vers le grotesque » (ibid.). Le grotesque étant l'autre face du sublime», on comprend qu'il puisse être : « Il y avait là un polichinelle féminin, en médiocre costume noir, fardé de blanc avec sur la joue droite une tache noire en forme de cœur, la bouche peinte d'un rouge vif » (CI 136). « Elle atteignait la génialité dans le comique grotesque» (ibid.), ou le « tragique » grotesque ? : « Ce qui était le plus étonnant c'était une actrice jeune et maigre dans le rôle étrange d'un polichinelle féminin. Cette femme très sensible et très intelligente, infiniment supérieure à tous les autres, était emmaillotée dans un sac de toile noir »

(CI 25). Elle « fixait le vide d'un œil indifférent, froidement supérieur, d'une malice morbide » (ibid. 26). Dans cette attitude détachée, elle ne semble plus grotesque, « mais plutôt tragique » ; on voudrait bien s'adresser à elle « comme on le ferait avec Hamlet ou un bouffon shakespearien », mais « cette femme géniale n'(est) qu'un polichinelle » (ibid.).

Hesse apprécie et admire « le côté sauvage, lubrique, grotesque, hypertrophié » du « microcosme de Leverkühn » (ibid.). « Le côté sauvage » doit être saisi dans son rapport au « côté sublime ». Hesse rappelle que Goethe, dans sa « Théorie des couleurs », n'a pas chanté l'obscurité « comme un néant, mais comme le pôle contraire de la lumière » ; de même, les milieux intellectuels et artistiques d'Europe, se trouvant « en face des statues de Bornéo ou du Pérou, s'étonnent, doivent admettre, voire adorer ce qui n'était qu'horreur et que spectre hideux naguère » (CI 234). Fascination exercée par le « côté sauvage » de Dostoïevski et de Van Gogh qui ont « cette façon sauvage de sonder l'étrange, cette odeur d'interdit, cette parenté avec le crime » (ibid.)

Cependant, le « côté rationnel » ne perd pas ses droits.

Le docteur Faustus, « c'est une œuvre audacieuse, et pas seulement par la problématique et par la façon merveilleusement limpide et comme immatérielle avec laquelle cette problématique est transposée dans le domaine musical pour y être analysée avec l'objectivité et la sérénité qui ne sont possibles que dans le domaine abstrait » (C 224). Mais l'échange est incessant « entre les pulsions subjectives et assimilatrices et les intimations objectives émanant du milieu cosmique et social » ce que G. Durand appelle « trajet anthropologique » (SAI 38).

À cet instant, (ces arbres) étaient auréolés d'une beauté magique, unique, qui venait de mon âme et dont l'éclat n'apparaît, selon les Grecs, que lorsque Eros s'est penché sur nous (C 44) ; la « préparation pure » que Hesse vient d'expliciter est placée par Mann « dans un monde et dans une époque vus avec réalisme, dans un monde qui donne envie de rire, de haïr et de vomir » (C, ibid.). Et Hesse donne tort à notre époque de réagir « à ce qu'il y a d'intellectuel et de volontaire dans l'art plus vite et plus sûrement qu'à l'élément créateur véritable qui n'est rien d'autre que (l') union intime avec la nature » (M, 67).

OXYMORE

La coexistence, en chacun de nous, du meilleur et du pire, du « spleen » et de l'« idéal », suscite l'expression oxymoronique : « Si tu acceptes le clair soleil et les charmants produits de ton imagination, alors accepte la saleté et la nausée. Tout cela est en toi, l'or et les immondices, la joie et la peine, les rires d'enfant et l'angoisse de la mort » (DP 144) : La transgression conditionne la concordance : « Ma volonté de réconciliation est d'autant plus intense que je m'expose et ose franchir certaines limites » (C 148). La « vibration » entre deux mots est « le point central » (M 68) qu'il s'agisse d'exprimer la complexité de la condition humaine ou celle des sensations : « Tout le théâtre ét(ait) d'un comique désespéré de cabaret qui devient insupportable après quelques brefs accès de rire » (CI 24) ; « Une animation inouïe et cependant presque tranquille » (ibid. 163).

Hermann sait où mènent le nationalisme, l'obéissance aveugle au chef et la dureté au mépris de toute loi : « Il nous a fallu apprendre que la glorification du sang signifiait aussi un outrage à l'esprit, et que, la plupart du temps, les gens dont la rhétorique s'enflamme pour le sang, n'ont pas en tête le leur, mais celui des autres » (ML 364). Or, « ce n'est pas en employant la force ou en tirant des coups de fusil que l'on change les choses (...) la guerre et la violence sont des tentatives de résoudre des choses compliquées et délicates de la manière la plus négrière, la plus bête, la plus brutale» (ibid. 186) ». Il est des gens chez qui le spectacle des misères humaines ne suscite aucune composition (cf. Vercors, « Le Songe »).

Ne sont-ce pas les mêmes personnes qui, servies par des garçons de café en livrée et assises devant des assiettes recouvertes de petites douceurs raffinées, lisent chaque jour dans le journal des articles parlant de famines, d'insurrections, de fusillades et d'exécutions ? (C 82).

À certains qui prétendent que ces misères sont dans l'ordre des choses puisque voulues par Dieu, Hermann répond : « Je ne peux me résoudre à croire que tous ces malheurs sont justifiés et que Dieu en est à l'origine, car ils sont tout simplement insensés et abominables » (C 82) et absurdes.

La sagesse réside dans la « docte ignorance » de Nicolas de Cuse (1401-1464), « proche de notre époque » (BU 79). Et Hermann écrit à Thomas : « Pour cette catégorie bien trop importante de lecteurs qui ne peuvent toujours pas s'empêcher de jouer l'un de nous deux contre l'autre, notre amitié et notre profonde parenté demeureront toujours incompréhensibles, tout comme la "coincidentia oppositorum" de Nicolas de Cuse » (C 281).

Lorsque Hermann Hesse dédia son « Jeu des perles de verre » aux « pèlerins d'Orient », « il associait ainsi à l'œuvre maîtresse de sa vie, à ce grand roman d'anticipation spirituelle », ce groupe de compagnons élus, de « frères d'armes » parmi lesquels il occupera un jour la place qui lui est réservée (Marcel Brion, *Labyrinthes du temps*, Corti, 1994, p. 225). Il s'agit « des amis » de notre intelligence et de notre cœur rencontrés à travers « les livres, les tableaux et les partitions musicales aussi bien que sur les chemins, matériels et réels, du vaste monde » (ibid. 226). La Castalie, « utopie chère à un homme qu'avait bouleversé l'effondrement des valeurs morales et intellectuelles qui menace notre planète » (225) : « la guerre m'avait si peu laissé de ce qui faisait les sens de ma vie et de mon action » (M, 78).

La « coincidentia oppositorum », structure la plus euphémisante de l'imaginaire, permet de placer H. Hesse parmi les tenants de la culture. Georges Cesbron illustre la « dichotomie de deux formes d'existence - la culture du temps des "clercs" et des paysans, des "retirés dans leur ermitage" que l'on rencontre dans *Sur les Falaises de marbre* et aussi chez René Char (« Les Inventeurs » in *Les Matinaux*, 1949), opposée à la civilisation du temps des héros et des guerriers » (« Crise de l'Occident, appels de l'Orient, attente des Barbares dans quelques livres des années 1920-1980 », in *Recherches sur l'imaginaire*, U.E.R. des Lettres et des Sciences Humaines, Université d'Angers. Cahier XIII. 1985). Cette « dichotomie » ressortit sans doute « à l'antinomie des deux régimes de l'imaginaire » (ibid. 419).

Converti au régime diurne, l'homme moderne pratique une religion qui consiste uniquement à se glorifier lui-même et à magnifier son combat. Seuls les naïfs, les très forts et résistants encore proches de l'état de nature sont capables de se satisfaire de cet égocentrisme et d'aimer cette lutte constante (C 107).

Et Georges Cesbron conclut que, dans les œuvres qu'il a analysées, « symbolisme et idéologie ont partie liée ».

Culture et « civilisation » ne sauraient être confondues à moins que les « confusionnistes », culs-de-jatte de la pensée (Nietzsche), ne cherchent à déboulonner les génies : « On détourne systématiquement et avec une certaine soif de vengeance (la soif de vengeance de celui qui n'est pas béni des dieux) l'attention des œuvres de la littérature, les dégrade pour en faire les symptômes d'états psychiques », les retourne en en effectuant l'interprétation avec les pires erreurs de la biographie rationalisante et moralisante et laisse derrière soi un tas de ruines sur lequel s'éparpillent sale et sanguinolente la dépouille des grandes œuvres littéraires » (ML 278). On explique le supérieur par l'inférieur sans craindre le ridicule : Nietzsche par la syphilis, Dostoïevski par l'épilepsie, Verlaine par l'éthylisme et « Le Grand Meaulnes » par le fait que le bébé Fournier a longtemps dormi dans la chambre de ses parents ! Tout cela semble avoir été entrepris avec « la seule intention de s'appliquer à montrer que Goethe et Hšlderlin n'ont été que des hommes, que le Faust ou le Heinrich von Ofterdingen ne sont que le déguisement joliment écrit d'esprit tout ordinaires aux pulsions tout aussi ordinaires » (ibid.).

Ce « matérialisme » à la sauce américaine ou ex-soviétique se veut « conception du monde » et affecte, en conséquence, le rapport entre les sexes. Sauf pour le monde moderne, « la sexualité a été partout et toujours une hiérophanie et l'acte sexuel un acte intégral (donc, aussi moyen de connaissance) » (IS 16), Hesse détachant « l'amour de son objet » et affirmant : « L'amour lui-même nous suffit » (DP 131). « De l'Amérique profonde la plus bourgeoise au socialisme soviétique le plus rouge, on ne saurait trouver aucune conception du monde vraiment moderne où l'amour joue un autre rôle que celui, insignifiant, d'un facteur subsidiaire de plaisir dans la vie que quelques principes d'hygiène suffisent à canaliser » (BU 101). J'avoue que je suis extrêmement rétrograde alors que, par ailleurs, tout ce qui est nouveau et révolutionnaire me remplit d'enthousiasme : (...) j'exige (des médecins) une attitude humaniste, tout en sachant pertinemment que cet idéal est dépassé et que même les comportements qu'il inspire apparaîtront bientôt comme archaïques (C 34-35).

Sous couvert de progrès, la « vie moderne » dans les usines, dans les bourses, sur les stades et dans les bureaux du pari mutuel, dans les bars et les bals des grandes villes», se veut meilleure, «plus mûre, plus intelligente, plus désirable que la vie des hommes qui avaient conçu la « Bhagavadgvita «ou construit les cathédrales gothiques » (ML 230).

Ces productions sont frappées au coin de la tromperie : la mécanique du cinématographe repose elle aussi sur le même type de supercherie (que la roulette). Au lieu de laisser le spectateur exercer son regard, découvrir, choisir et retenir les plans qu'il trouve beaux et intéressants du point de vue esthétique, il le gave littéralement d'images (C 145).

Omniprésence du gadget : les curistes peuvent trouver ici tous les articles qui leur semblent indispensables (C 78). (...) Je serais bien incapable d'en parler, car malgré une observation minutieuse, je n'ai jamais réussi à comprendre ce qu'ils représentaient et à quoi ils servaient (C 78-79). La cocasserie souligne le caractère artificiel de l'objet : - Est-ce qu'on fixe cet objet sur un chapeau ? Peut-il rentrer dans une poche ou se met-il dans un verre à bière ? Peut-être fait-il partie d'une sorte de jeu de cartes ? (C 79).

À l'opposé, la beauté cosmique : mais (les fusées) sont bien peu de chose comparées aux étoiles ; comparées au regard d'un homme et à une pensée emplis de la douce lumière des astres, de la musique cosmique qu'ils émettent et font vibrer au loin (C 14).. La vie moderne brille par sa futilité» : « Ah ! si j'étais du moins un joueur de banjo («Envie», M 66), voie royale pour qui veut servir la nouvelle idole :

> Je fouetterais plus fort encore la clameur ivre,
> Offrant au dieu Baal sacrifice et danse.
> Je ne serais alors plus l'étranger ni l'hôte,
> Je serais l'un d'entre les prêtres d'Astarté
> (ibid.).

Elle prétend, par l'abandon de la culture, retrouver une innocence perdue ; mais «le renoncement à une conquête renouvelée de notre héritage culturel et à l'appropriation de ce dernier, ne rend aucunement l'innocence à notre existence et notre pensée» (ibid. 287). Lire, dans «le sens le plus élevé du terme», ne s'apprend pas «en lisant des journaux et de la littérature de circonstance, mais uniquement en lisant des chefs-d'oeuvre, dont le goût est souvent moins agréable et moins relevé que celui des textes à la mode» (262). Le refus de la culture est porte la marque coin de la paresse et de la facilité .Ce concert est tout simplement dépourvu de ce qu'il y a de plus profond, d'une âme : il n'est pas indispensable, personne n'éprouve un désir violent d'y assister, les esprits présents ne sont nullement tendus dans l'attente d'être délivrés par la magie de l'art (C 74).Les chefs-d'oeuvre exigent «qu'on les prenne au sérieux, qu'on les conquiert. Il est plus facile de laisser entrer en soi une danse américaine au rythme rapide que les mesures régulières d'une tragédie de Racine ou l'humour riche et délicatement nuancé d'un Sterne ou d'un Jean Paul» (EM ibid.)

D'autres machines à niveler seront inventées, aussi falllacieuses, qui permettront de satisfaire «certains besoins de distraction» que l'on aura préalablement fait naître. Hermann reconnaît qu'il se laisse parfois séduire : Je préfère les divertissements insipides, pervers, aussi pompeux qu'idiots et dépourvus de tout intérêt. Jusqu'à présent j'avais toujours fui ce genre de chose. Il m'arrivait de condamner, voire de mépriser les bourgeois, les citadins et plus généralement notre époque et notre civilisation parce qu'ils en sont avides (C 126).

C'est à se demander si nos bains ne contiennent pas une substance particulière, un sel, un acide ou un élément calcaire qui nivelle les esprits (C 133).

Ces machines auront l'immense mérite de restaurer la «dignité» et l'»autorité» du livre (289) : «Sans la parole, sans l'écriture et les livres, l'histoire n'existe pas, pas plus que la notion d'humanité» (287). Fort heureusement, la culture échappe à la décadence : «Les Buddenbrook racontent le vieillissement et le déclin d'une famille de la haute bourgeoisie allemande vers 1900. (...) C'est l'histoire de sa propre famille que l'écrivain nous raconte avac tant d'amour, d'humour et de malice que nous ne pensons pas nous tromper en disant que le mot même de «est à comprendre avec une bonne dose d'ironie (...) l'âme des derniers descendants devient capable de différenciation et de raffinements toujours plus subtils» (C 69, note 4).

Le retour du mythe, les résurgences de l'archaïque que nous avons tenté d'expliquer sont des faits culturels et ne doivent pas être confondus avec la décadence : Beethoven, Hesse le ressent « comme le début de la décadence, un début grandiose, héroïque, superbe » (M 172).

La création est affaire d'individu : « Dans tout ce qui touche à l'esprit l'individu isolé est toujours plus fort que la masse » (VN 85).

Plein de bonne volonté et de sérieux, il ne tente de se défaire de (son) tempérament d'ermite et d'original pour partager les peines et les joies de la majorité des gens (C 87-88). Ce n'est pas « le curiste souffrant de sciatique qui observ(e) les hôtes » mais « plutôt le vieil ermite, l'original un peu associal », « le vieux voyageur et le poète », « l'ami des papillons et des lézards, des livres et des religions anciennes » (C 155), celui qui fait des « promesses solennelles pour le jour où il retrouver(a) sa steppe » (ibid. 133) : « Ah ! comme j'ai langui alors ma solitude et ma tanière ! » (122)

Par instants seulement, mon esprit effrayé et rebelle refait subitement surface tel un animal venu des steppes qui se réveille tout à coup enfermé dans une étable (C 128). La solitude, fût-elle douloureuse, permet seule» de contribuer au progrès véritable, celui de l'esprit : « Si vous êtes, comme je l'espère, un bon écrivain, alors sont vos frères tous ceux qui, en tout temps et en tout lieu, ont travaillé à la même œuvre que vous, à la spiritualisation des hommes ou de tel nom que vous voudrez la nommer» (CI 18). Hesse considère les essais et les aphorismes de Novalis non comme une simple paraphrase de la philosophie de Fichte, mais «au rêve intime d'un poème» : «le message et le résultat en sont un approfondissement par intériorisation» (ML 12).

Que la sublimation soit « une possibilité effective, un idéal, une exigence qui méritent notre plus grand respect, tous les mythes, toutes les légendes, toute l'histoire depuis la nuit des temps sont là pour en témoigner » (BU 387). Ce que les «pseudo-disciplines qui se sont réfugiées dans les lettres ont depuis longtemps oublié « c'est la notion de sublimation que Freud avait lui-même établie » (ML 279).Le fameux échange de lettres avec C. G. Jung sur la question de la sublimation date de 1934.

Hesse avait discuté, dans un article de la «Neue Rundschau, « un essai de Jung sur Freud : il y défendait la notion de sublimation que réfute le psychologue des profondeurs. Au lieu d'être un mot vide de sens, écrit Hesse, la sublimation est un concept-clé, lié à la compréhension de tous les rituels artistiques. Jung répond que «sublimation » fait partie de l'art royal dont l'or vrai est fait. De cela, Freud ne sait rien...»

La beauté de la laideur ne s'accommode pas de « l'horreur, (de) la cruauté du hasard, non transfigurés par l'amour, l'intelligence de l'écriture » : « Elles vous mettent mal à l'aise, vous accablent profondément » (ML 112). Le sens que peut avoir le travail d'écriture « consiste à ne pas seulement faire des performances linguistiques, mais à apprendre à mieux et plus profondément se connaître soi-même, à faire avancer le processus d'individuation » (ML 285). Mais le chemin qui mène un être humain vers sa conscience est difficile : « Quelques hommes rares, heureux, bénis, vivent en bonne camaraderie avec leur conscience, et quoi qu'il leur arrive, rien ne les touche qu'au de hors, jamais au coeur ; ils restent toujours purs, le sourire ne quitte jamais leur visage. Ainsi le prince Muichkine » (M 163).

Entrée dans « une zone de haute pression imaginaire », notre société à dû se rendre à l'évidence : la raison scientifique n'est qu'un département de l'imaginaire, un régime de son fonctionnement : le registre diurne.

Après des siècles d'iconoclastie de la pensée occidentale, la réhabilitation de l'imaginaire constitue une révolution ou, tout simplement la reconnaissance que perdure, chez l'homme moderne, l'archaïque.

On revient à une situation où image et concept faisaient bon ménage jusqu'au départ définitif d'Ibn 'Arabi de Cordoue pour l'Orient (cf. Henry Corbin), le philosophe s'étant rendu suspect aux yeux des autorités de la religion légalitaire et de leur littéralisme (G. Durand).

Les grands hommes, Nicolas de Cuse ou de Kues (Nicolaus Cusanus) par exemple [...] cherchaient à dépasser leur temps pour viser à l'intemporel. [...] Pour s'être joint en son temps à ceux qui s'efforçaient de rendre possible une entente pacifique entre les différentes confessions religieuses, Nicolas de Cuse apparaît comme particulièrement proche de notre époque (B.U., p. 79).

Notre amitié et notre profonde parenté demeureront toujours incompréhensibles, tout comme la « coincidentia oppositorum » de Nicolas de Cuse (Lettre de H. Hesse à Th. Mann, mai 1955).

Par exemple, « la frénétique mélopée automnale » du vent : « il me hurlait aux oreilles des paroles jamais entendues, de mots venus du fond des âges, pareils à des noms d'anciens dieux » (CC 139).

Il vit qu'elle avait de jolies mains, aux doigts fuselés, de belles épaules, et un visage où l'angoisse de sa destinée se mêlait à ce besoin de confiance aveugle qui existe chez les enfants (DEK 181).

Et avec cette confiance et ce besoin d'amitié qu'ont les enfants, la veille d'une grande fête, ils le prennent chacun par la main (GM 60).

Miniaturisation : « La terre se divisait en petits prés verts, en saulaies séparées par des clôtures, comme autant de jardins minuscules » (GM 177).

Les deux jeunes hommes avaient fixé «en travers du bateau», un arceau «fait de baguettes de noisetier et qu'ils avaient délicatement enlacé de roses grimpantes d'un rouge vif en pleine floraison ; au centre de l'arceau légèrement oscillant, ils avaient suspendu une grosse lanterne ronde de papier rouge qui répandait une douce lumière» (F).

Et au-dessus de tout cela se déployait un ciel profond, « blanc et brillant comme l'opale » et « lorsque la lune eut conquis un espace dégagé du firmament, nous la vîmes entourée d'un halo coloré, une sorte d'arc-en-ciel lunaire, froid, irisé, dont la trace mobile et brillamment colorée se répétait sur les franges translucides des nuages » (SE 265).

Bachelard fait observer la correspondance de « l'immensité de l'espace et la profondeur de l'espace du dedans » (PE 186). Anselme projette sa profondeur au coeur de l'iris. L'homme porte en lui un élément qui « de développe, grandit et procède au moyen de transformation ascendante » ; « l'humanité décrit pour ainsi dire, une spirale oscillatoire, infinie » (E. Fromentin et P. Bataille, « Étude sur l'Ahasvérus » d'Edgar Quinet, Droz 1982). - Cf. notre étude : «Dominique» de Fromentin, thèmes et structures, Nizet, 1977. Chapitre III. La flèche et la spirale, pp. 65-127, et notre article : «Le mythe du juif errant :

Herder, Quinet et Fromentin», in Cahiers du C.E.R.M.E.I.L, n° 12, Narbonne, 1997.

Je n'ai gardé d'autre souvenir que celui, à demi effacé déjà, d'un beau visage amaigri, de deux yeux dont les paupières s'abaissent lentement tandis qu'ils me regardent, comme pour déjà ne plus voir qu'un monde intérieur» (GM 208).»

Fournier compare «son» Yvonne à «une hampe de lilas blanc».

Il ne faisait pas encore tout à fait jour ; c'était le crépuscule d'un beau matin de septembre (GM 246).»

G. Durand fait remarquer «l'ubiquité du centre» : Meaulnes «regarda autour de lui, plus tranquille, sa demeure qu'il avait mise en ordre». «Apaisé», il se sentait «parfaitement heureux» (GM 75).»

Mais un homme qui a fait une fois un bond dans le Paradis, comment pourrait-il s'accommoder ensuite de la vie de tout le monde ?» (GM 172).

« [U]ne lourde porte de bois » était à demi ouverte. L'élégant s'y « engouffra » (GM 59).

Albert, le peintre, ne désire pas autre chose que « percevoir ces vibrations, ce courant de forces, cette chaleur secrète dans lesquels il s'anéantirait et s'abîmerait pour mourir et renaître à la vie » (SE 164).»

Il sentit que quelque chose se passait dans son être intérieur, qu'au centre de sa tête une petite cavité se formait ; il vit bâiller cette ouverture sombre, tandis qu'avec une ferveur grandissante, il fixait son attention sur cette caverne de la dimension d'une noix, ou sur ce «giron maternel». Et la caverne commença à s'éclairer faiblement de l'intérieur (...) et l'image de ce qu'il devait faire afin de pouvoir rester en vie apparut de plus en plus clairement à son regard» ; elle lui révélait «le besoin profond et «oublié de son âme» (SE 257).

Il me tendit un miroir, j'y revis l'unité de ma personne morcelée en innombrables moi ; leur quantité semblait encore accrue. Mais les figurines, maintenant, étaient toutes petites, aussi petites que des échecs ordinaires» (LS 194).

Nous en vînmes à constater l'extraordinaire valeur morale que peuvent prendre de petits objets sans importance et d'un usage banal lorsque de chers souvenirs s'y trouvent rattachés : un vieux porte-plume, une clé de montre démodée dont la montre a depuis longtemps disparu, un couteau de poche rouillé» (LI 163).

« Oh, que le jardin nocturne était donc beau, là en face ! Comment pouvait-on s'éprendre aussi vite d'un jardin, exactement comme d'une femme ! J'étais amoureux de ce jardin, je le désirais, je souhaitais ardemment y pénétrer. Il y avait si longtemps que je n'avais plus possédé de jardin ! » (SE 204).

Jusque sur le Domaine déferlaient des bois de sapins qui le cachaient à tout le pays plat, sauf vers l'est, où l'on apercevait des collines bleues couvertes de rochers et de sapins encore» (GM 67). Alain Buisine voit brusquement apparaître «la frontière française et la province perdue en 70 dans la fiction». Il distingue, «ébahi», «en pleine Sologne, la célèbre ligne bleue des Vosges visible depuis le Domaine» (*Les mauvaises pensées du Grand Meaulnes*, P.U.F., 1992, p. 53).

La mère de Martin «se tenait bel et bien devant lui et elle était plus belle et plus jeune que ne la lui représentait sa mémoire ; elle avait même quelque chose d'une jeune fille, de sorte que lorsqu'elle l'embrassa, il rougit et n'osa pas lui rendre son baiser. Elle le regarda dans les yeux et son regard bleu et limpide l'inonda comme une lumière» (SE 134).

Farouche et belle, l'enfant avait une chevelure noire, des yeux noirs de bête craintive, des jambes nues bien moulées, dont la peau brune semblait polie» (DEK 256). « Une femme apparut : c'était la mère ». « Il voulait peindre cette femme, ou devenir son amant, ne fut-ce que pour une heure, car, à ses yeux, elle incarnait à la fois la mère, l'enfant, l'amante, l'animal, la madone » (ibid.). - Cf. Alain-Fournier, *Miracles*, Gallimard, 1924 : « Elle était la petite fille, la fiancée et la maman » (p. 125).

La jeune fille se pencha en avant et « le regarda de si près dans les yeux qu'il en fut un peu effrayé ; il ne vit plus rien que ses grands yeux paisibles et, au-dessus d'elle, des masses d'étoiles dans un nuage d'or » (SE 137).

La jeune fille «eut le même regard innocent et grave, qui semblait dire : / - Qui êtes-vous ? Que faites-vous ici ? Je ne vous connais pas. Et pourtant il me semble que je vous connais» (GM 69). Allusion à l'anamnèse, à l'Avant-monde des dualistes ? « J'ai été marié et je puis dire dans une autre existence » (avant-texte du G.M., f° 202). Révélation qui est la structure des grands romans poétiques du romantisme allemand, la *Lucinde* de

Schlegel, *Henri d'Ofterdingen* de Novalis, *Hyperion* de Hölderlin.

Ce monde de sentiments obscurs, qui avait commencé par des imaginations de mon enfance, me ramenait, lui aussi, au chaos, à l'époque d'avant la personne, d'avant l'humain, jusqu'aux abîmes d'une formidable horreur ancestrale, aussi sacrée qu'effroyable, aussi créatrice que meurtrière » (SE 205). Cf. Georges Bataille, *Les larmes d'Éros*.

« C'est une chose délicieuse et rarement réussie que de se laisser glisser jusque là (le jardin béni de mon enfance), de respirer l'air pur et matinal de sa prime jeunesse, de contempler une fois encore, pour un instant, l'univers tel qu'il sortit des mains du Créateur et tel que nous l'avons tous vu quand le miracle de la force et de la beauté se déployait à l'intérieur de nous-mêmes » (LI 44).

Les grandes personnes «percevaient encore sur nos fronts lisses et purs ce souffle divin dont nous avons perdu la trace, sans le vouloir et sans nous en rendre compte, pendant les années tumultueuses de la croissance» (ibid.).

Au Paradis « succéda le rêve humain du Paradis, non moins beau et brillant, mais accompagné des profonds accents d'un regret inapaisable » (SE 73).

Aux murs, de vieilles photographies, de vieux groupes scolaires « jaunis montrait mon père - on mettait longtemps à le reconnaître en uniforme - au milieu de ses camarades d'Ecole Normale... » (GM 155).

La place d'honneur, sous cette construction décorée de feuillages, fut « offerte à la jeune fille, une blonde d'une vingtaine d'années, originaire de Styrie, une douce créature enjouée, avec de lourdes tresses bien fournies arrangées en torsades sur sa jolie tête, un regard clair et étonné et une petite bouche enfantine en forme de cœur » (F 39).

« Une toute jeune fille d'environ dix-neuf ans, avec des cheveux blond clair comme ceux d'un enfant, des yeux bleus et le visage allongé d'un personnage de légende, (...) une main aux doigts délicats, enfantine et expressive. » (CC 210).

Une jolie fille blonde d'une douzaine d'années recueillit assez de piécettes pour ne pas manquer un seul tour (de manège). Sous l'éclat des lumières, le vent faisait voler sa jupe courte découvrant ses jambes au galbe encore enfantin» (DEK 284). Thu Fu « dansait avec la fillette blonde et Klingsor» regardait tournoyer doucement sa courte robe d'été autour de ses jambes graciles » (ibid. 285).

Une fillette de cinq ans, toute frêle, vous frappait par sa singularité. Elle se nommait Agnès, mais on l'appelait Agi ; elle était blonde, pâle, ses membres étaient grêles, ses yeux immenses et timides, et une douce sauvagerie se manifestait dans tout son être (Pe 168). - La fille de Meaulnes a «une façon sauvage et charmante en même temps de frétiller et de repousser (François Seurel) avec sa petite main ouverte, en riant aux éclats» (GM 245).

Elle doit avoir trois enfants dont une fillette qui lui ressemble d'une façon surprenante» (CC 142). Dans *Le Grand Meaulnes*, Yvonne a sa fille pour avatar : il est question de l'Enfant blonde - blonde comme sa mère - qui « s'essaie à monter les marches » du perron ; la mère encourage l'enfant « tout doucement » ; puis on voit le «bébé blond», la « tête tout près de la maman agenouillée » (lettre de Fournier à sa famille, 17 mars 1906).

Le bateau filait avec un bruit calme de machine d'eau» (GM 69).

« Une sorte de reflet coloré flottait dans les chambres bases où l'on avait dû allumer aussi, du côté de la campagne, des lanternes » (GM 58). «Le vent secouait des branches devant les ouvertures roses, vertes et bleues des fenêtres » (ibid.).»

« Rien n'est plus merveilleux et plus incompréhensible, rien non plus ne nous devient plus étranger et n'est plus éphémère que le comportement de l'enfant qui s'amuse. » (LI 19)

La pièce avait « un caractère inhabituel de fête » à cause de « l'agitation » qui y régnait : « Cela tenait un peu de la foire et de la caverne aux trésors, le tout parcouru par un souffle de vie et de folie, de jeu et d'enfantillage » (SE 261).

« Les récits de ma mère jetaient d'innombrables ponts entre la réalité et ma rêverie et lui ouvraient des mondes variés » (LI 19). Rien ne représente sous des traits plus doux et plus sacrés le monde prodigieusement riche de la vie enfantine que « l'image de ma mère racontant une histoire à l'enfant blond qui la regarde de ses yeux profondément étonnés en se serrant contre elle». « Je me suis largement abreuvé à la source des contes : le petit Chaperon rouge, Blanche-Neige chez les sept nains.... »

Mon imagination avide inventa bientôt, de son propre cru, des paysages de prairies de montagnes avec des prairies où les elfes dansaient à la clarté de la lune» (ibid.). «Ce qui remuait là-derrière, bruissement de feuilles, coups frappés par l'oiseau, tout cela venait d'un pays enchanté et fabuleux où les choses sont chargées de secrets et de significations multiples» (ibid. 55)».

« J'ai aussi ouvert le feu sur la mort avec mes couleurs : le vert qui lance des flammes, le cinabre qui explose, la douce laque de garance» (DEK 287).

Le bon garçon Paul comme le petit estropié imaginent une double réalisation de leurs voeux, à savoir premièrement l'arrivée de masses de cadeaux, que ce soit des jouets, des écus ou une montagne entière de pierres précieuses, ensuite une existence protégée chez les nains, donc chez ses semblables, loin des grands, des adultes, des gens normaux» (SE 267). Cf. *La Chanson de Nibelungen*, traduction de Colleville et Tonnelat, Aubier, 1945.

Le monde qui se déployait devant moi m'attendait pour que je ramasse une partie de ses trésors, pour que j'en écarte le voile de l'accidentel et de la vulgarité, pour que je m'arrache à la destruction et fixe pour l'éternité par ma puissance poétique les images ainsi dévoilées» (Pe 37).

Martin était retourné vers la patrie de ses rêves et au pays de son enfance» (LI 172).

Pendant mon voyage en chemin de fer, mon pays natal reprit sa place en moi, réclama mon amour et ramena le flot des souvenirs d'enfance et de jeunesse à demi oubliés» (G 33).»

Ce convoi à destination de l'Orient n'était pas simplement le mien, ni simplement celui de ce moment précis, ce flot de croyants et de fidèles s'écoulait vers l'Est, vers le berceau de la lumière, sans interruption ni répit, il était éternellement en marche à travers les siècles, en direction de la lumière et du miracle» et «notre troupe» n'était qu'»une vague dans le flot éternel des âmes» pour approcher de «la clarté», de «la patrie» (VO 35).

C'est par la lumière «levante » (Henry Corbin) que l'âme devient elle-même substance de l'aurore, de la lumière d'Orient, présence à elle-même. Les mots persans «(aurore) et «(intelligence) ont une racine commune, «qui désigne l'oreille, l'aurore et l'entendement ; cf. latin «aures, aurora » (Ernst Herzfeld, «Archéologishe Mitteilungen aus Iran, «II, p. 90). Le texte du *Grand Meaulnes* indique que les bohémiens sont partis vers l'Allemagne, vers l'Est, mais l'avant-texte mentionne, à deux reprises «l'Orient» (ff. 6 & 7).

Dans « ma mansarde (...) ne pénétraient » que le battement des heures sonnées au clocher voisin et le claquement du bec des cigognes nichant tout à côté, les personnages créés par Goethe et par Shakespeare se mirent à fréquenter» (Pe 36). «Je me sentais - grenier hanté de sublimes esprits - comme dans l'atmosphère d'un beau conte étrange» (ibid. 37).

« Une seule divinité et une seule loi : la forêt. Celle-ci était à la fois patrie, refuge, berceau, nid et tombe et, en dehors de la forêt, aucune vie n'était concevable. On évitait de se glisser jusqu'à la lisière et celui que des fatalités particulières à la chasse ou à la fuite faisaient échouer là-bas évoquait avec angoisse et tremblement l’étendue vide et blanche où l’on voyait briller le redoutable Néant dans la mortelle incandescence du soleil» (SE 141).

Meaulnes se trouvait là plongé dans le bonheur le plus calme du monde» (65).

« Le souffle magique d’une puissante et étrange nostalgie m’effleura, venant des sources profondes et fraîches des années d’enfance» (SE 38). «Je m’approchai lentement de mon village, voguant sur de pâles eaux nocturnes, tandis qu’une légère brise tiède chantait dans ma voile et que les rares appels lancés par des pêcheurs sur leurs bateaux éloignés se répercutaient à la surface du lac, alors ce fut un pan de mon enfance, un autrefois heureux et à demi oublié qui surgit devant moi, plein de vie et de nouveauté» (ibid.).»

Hesse et Fournier assimilent le vagabondage à l’adolescence, enfance et «parcours» étant deux mythes hermésiens : «Indépendants à l’égard des hommes, soumis seulement aux intempéries, aux saisons, sans but devant les yeux, sans toit au-dessus de la tête, ne possédant rien, livrés sans défense à tous les hasards, les vagabonds mènent leur existence puérile et vaillante, misérable et forte» (NG 239).

« Je ne continuerai à vivre que pour l’amusement, comme un enfant, comme un bohémien» (GM 106). Frantz fait accepter «cette existence» (l’édition en volume ajoute : «sauvage»), «pleine de risques, de jeux et d’aventures. Il lui avait semblé recommencer son enfance» (ibid. 120).

« Je vais avec elle, oui. De but, je n'en ai pas. C'est une étrangère, sans foyer, à ce qu'il semble, peut-être une tzigane» (NG 98). « Je battrai les chemins comme je l'ai déjà fait une fois» (GM 238).

Poussé par un besoin irrésistible d'affronter l'aventure, je m'étais glissé nuitamment hors de la maison» (EM 94).

« J'avais déniché et lu Robinson, Gulliver, dans des livraisons jaunies, illustrées de plaisantes gravures, ainsi que des récits de marins et d'explorateurs» (ibid. 89). Ma mère (...) avait, parfois, ce sourire qui vient d'ailleurs» (ibid. 21).

Sans autre idée que la volonté tenace et folle de rattraper sa voiture, tout le sang au visage, en proie à ce désir panique qui ressemblait à la peur, il courait...» (ibid. 46).

« Je manifestai ce jour-là une exubérance puérile à laquelle mon propre goût des métamorphoses n'était certainement pas étranger » (EM 108).

L'Européen avait-il «le droit de respirer l'air que Dieu avait purifié et de voyager à bord de la maison flottante du Patriarche» (SE 155) ?

Quand l'accent ne porte pas sur le confort de la nef, mais sur l'itinéraire, c'est le «rêve d'essor» qui apparaît : «Je me demande (aujourd'hui) en quoi consistait en somme le plaisir d'un tel parcours à bord d'un radeau, si je retranche les récriminations, les efforts, les intempéries, il ne reste que peu de chose. Mais ce peu de chose était merveilleux ; un glissement silencieux, rapide et excitant» sur la rivière froide et bruissante d'écume, environné par le jaillissement de l'eau entre les troncs, un voyage qui ressemblait à un rêve, (...) des moments fantastiques où l'on s'abandonnait à l'indicible et bienheureuse impression de vagabonder. (...) On se sentait soi-même ouvrier flotteur, vagabond, nomade, sans aucun port d'attache, on ressentait dans son coeur l'immensité de l'univers et la brûlure d'une étrange nostalgie» (ibid. 233).

« Où étais-je donc ? J'étais dans un conte de fées, j'étais dans le monde primitif où chaque chose peut se métamorphoser en une autre, où chaque chose est en elle-même indifférente et sans réalité, mais sacrée et éternelle en tant que symbole, image, en tant que demeure éphémère de la divinité. J'étais dans ma propre âme, car elle est - elle que nous connaissons si peu - notre univers primitif, notre monde enchanté» (EM 206).

Daudet, quant à lui, met l'accent sur l'instabilité de la «périssoire» : «Quelquefois on tient à l'affût dans le «negochin «(le naye-chien), un tout petit bateau sans quille, étroit, roulant au moindre mouvement» («En Camargue», in «Les Lettres de mon moulin»

Bien des projets audacieux et terribles s'élaboraient dans son âme ; la lune est mon amie, pensa-t-il, et l'étoile est mon amie» (SE 144).»

La lueur de la lune, quand le grand vent chassait les nuages, passait à travers les fentes des cloisons» (GM 48).

Levé «au petit jour» (49), Meaulnes «se trouve comme transporté dans une journée de printemps. Ce fut en effet le matin le plus doux de cet hiver-là. Il faisait du soleil comme aux premiers jours d'avril» (66). Reflété dans l'eau, «comme incliné sur le ciel», il croit voir «un autre

Meaulnes» (67). Comme pour Hermès, a éclaté pour lui, le voyageur égaré, la «colonne de l'aurore» :» agrippe-toi au câble de notre Irradiation et monte jusqu'aux créneaux du trône». (S. Y. Sohravardi, «Livre des Elucidations, «cité par Henry Corbin, «Corps spirituel et Terre céleste, «Buchet/Chastel, 1979, pp. 148-9).

Depuis «Le Crépuscule des dieux, » il est difficile de dire «crépuscule du matin». Fournier, s'autorisant peut-être de Baudelaire, écrit : «C'était le crépuscule d'un beau matin de septembre» (GM 246).

Tandis que l'Europe et le monde entier sombraient et se noyaient, on voyait, à travers le crépuscule détrempé de la Terre en perdition, les infatigables et éblouissants faisceaux lumineux des projecteurs briller au haut des dernières tours métalliques qui émergeaient encore» (SE 151).

La vie de chaque homme est un chemin vers soi-même, l'essai d'un chemin, l'esquisse d'un sentier» (D 22). « Il lui sembla qu'elle venait de perdre pour toujours ses racines, la merveilleuse liberté de sa jeunesse et toute l'insouciante et lumineuse gaîté du Paradis» (SE 74).

Comme toujours, l'événement décisif ne venait pas seul : des signes précurseurs l'avaient annoncé» (DEK 261).

« Il se contenta de jouer très doucement sur son luth ; brusquement l'air fraîchit, le jour baissa tandis que se levait un vent glacial, bien que l'on fût au coeur de l'été » (PC 14).

La matinée était belle, la terre et l'atmosphère encore automnales avaient été effleurées « par les premiers souffles de l'hiver » (CC 156).

À la cime de l'arbre, un oiseau noir s'époumonnait dans un chant sauvage (CM 93). « Je sens que je reprendrai une fois encore le chemin qui mène au plus profond de moi-même » (DEK 302). Et aussi la Femme : « J'entendais très loin à l'infini des sons fascinants : c'était une voix de femme, claire, haute, légère comme celle d'un oiseau » (G 110).

Que pouvaient-ils faire d'autre, ce Wagner et ce Klein, que vouloir leur propre destruction et celle de tout ce qui rappellerait leur souvenir, pour réintégrer finalement cette obscure matrice d'où la divinité, qui surpasse toute intelligence, fait naître à nouveau, en un cycle éternel, le monde des formes transitoires ? (DEK 186).

> En vérité, personne n'atteindra la sagesse
> S'il ne connaît aussi les ténèbres (CC 168).

« Oh ! que de fois n'avait-il pas aspiré à sentir vibrer son âme au «rythme » de toute chose, à sentir que son propre souffle et celui des vents et des mers étaient les mêmes, qu'une fraternité, une parenté, un amour, un lien de voisinage, un accord et une harmonie existaient entre lui et le Tout !» (SE 164).

Les hommes d'aujourd'hui n'ont plus l'impression de constituer une partie indissociable de l'univers» (C 106).

Cet enfant commença, quand la main du magicien l'eut touché, à ressembler et à tendre ses forces, vite, avidement ; il se sentit transformé, il se sentit grandir, il sentit entre lui et le monde des oppositions et des harmonies nouvelles» (JPV 64).

« J'ai le malheur de me contredire sans cesse. La réalité elle aussi est pleine de contradictions (C 168). Tout peut servir et rien ne peut servir. La magie dissipe les illusions. Elle nous libère de la plus pernicieuse de toutes, celle que nous appelons le temps» (DEK 286).»

C'est la figure de la Mère dans son grand enfantement, son secret (...) consiste en ce que les suprêmes contradictions du monde, qui autrement ne peuvent s'accorder, ont scellé la paix dans cette figure, et y coexistent : naissance et mort, bonté et cruauté, fécondité et destruction» (NG 228).

« Je me frayais aisément un chemin vers un autre univers, plus libre celui-là, l'univers accueillant de ma fantaisie, et, revenu de là-bas, je trouvais la réalité de nouveau délicieuse et digne d'être aimée» (EM 17).

Opposition résorbée : «Formes un peu grêles» de la jeune fille qui n'en est pas moins «robuste, agile et sûre d'elle» ; «son allure et ses mouvements étaient ceux d'une jeune fille posée, fière et indépendante» (CC 179).

La voix de l'oiseau «se faisait entendre, si l'on acceptait de bon coeur sa destinée, et si l'on s'aimait soi-même ; c'était la voix de Dieu, ou celle de notre moi profond, le seul véritable, par-delà tous les mensonges, les prétextes et les mises en scène» (DEK 138).

« Jamais il n'avait accordé crédit aux vérités de son moi profond ; il n'en avait même pas eu connaissance. Et cependant il avait obéi à son insu à cette voix intérieure qui l'avait appelé à la condition de banni et de réprouvé» (ibid. 127).

Quel embarras singulier et humiliant ne ressentons-nous pas à chaque confrontation avec notre vie secrète, avec ces forces qui se jouent de notre raison, de notre conscience et de notre mémoire, qui exercent leur dictature sur notre faculté de nous souvenir ou d'oublier !» (LI 168).

C'était un de ces jours où le destin vous guette, où le pire peut arriver, car le désarroi et le trouble de notre âme se reflètent sur le monde environnant et le défigurent» (DEK 54).

Et si maintenant Hesse évoque dans un récit le vieux Garibaldi, son évocation tiendra davantage du rêve que de la réalité mais ce sera quelque chose d'authentiquement vécu. Peut-être la fiction est-elle aussi vraie que la réalité ; peut-être que mon imagination n'a-t-elle rien connu d'autre que ce que le vieux aurait pu et dû vivre si seulement il avait eu accès à ce monde imaginaire (SE 40).

«En fin de compte, pensais-je, c'est toujours la vie qui doit avoir raison, et, si elle s'est jouée de mes beaux rêves, eh bien, c'est qu'ils étaient bêtes et avaient tort» (LS 147). «Je vis, Harry, que mes rêves avaient eu raison, mille fois raison, contre les tiens. C'étaient la vie, la réalité qui avaient tort» (ibid.).»

Lautenschlager s'était réservé «un chemin qui lui permettait à tout instant de retourner au pays de son enfance, là où, pour lui comme pour tout être humain, rayonnait secrètement la lumière du matin et se cachait la source de toute énergie, ce pays dans lequel il ne pénétrait jamais sans se recueillir. Pour lui, c'était l'éclat et le coloris magique des ailes de papillons encore fraîches, le chatoiement des élytres de scarabées qui ouvraient la porte du paradis avec les clefs du souvenir» (PVA 40).»

Je crois que presque tout, dans le monde, est promis à la ruine. Mais je n'en suis pas moins assuré que tout prendra un nouveau départ et qu'aussitôt les hommes rallumeront la flamme des sacrifices et rebâtiront les sanctuaires (L 103, 7 février 1940).»

« Oui, il se rappelait : son sentiment et son désir avaient été que s'établisse entre lui et le monde une relation, un courant de beauté et de force, qu'entre lui et le monde vibrât durablement quelque chose de fort et d'intime qui résonnerait comme une douce musique» (SE 163). Pour compléter le portrait d'un personnage, Hermann renvoie à T. Mann. « Un homme distingué regardait avec mélancolie une des fresques du mur représentant des paysages. A la fois élégant et marqué par une grande fatigue, il semblait tout droit sorti d'un roman de Tourgueniev ou de Thomas Mann» (C 161).»

« Jusque là je n'avais pas eu la moindre idée de ce que c'était que les « belles-lettres ». Ensuite vinrent Lenau, puis Schiller, et Goethe, et Shakespeare, et voilà soudain la littérature, de pâle fantôme, devenue pour moi une grande divinité» (Pe 36).»

« Je demande expressément au lecteur de ne pas vouloir voir des attaques contre le génial Freud et ses travaux psychologiques et psychothérapiques dans le fait que je trouve ridicule l'abus des actions freudiennes fondamentales par des critiques dépourvus d'esprit et des notions déserteurs de la philosophie» (ML 277). On n'allonge pas un squelette sur un divan !

Chez moi, l'amour pour une femme a toujours été une adoration purificatrice, une flamme jaillie du trouble de mon coeur et qui monte toute droite ; des mains en prière tendues vers des cieux d'azur» (Pe 39). «J'honorais les femmes, toutes tant qu'elles étaient, comme des êtres étrangers, beaux et énigmatiques qui nous dépassent par la beauté innée et l'unité de leur nature et qui doivent nous être sacrées» (ibid).

Aimer une femme, se donner tout à elle, l'envelopper toute en soi et se sentir tout enveloppé en elle, ce n'est pas la même chose que ce que tu appelles «être amoureux», que ce que tu railles un petit peu» (NG 99).

Il ne faudrait pas prendre Hermann pour un jobard : « les femmes sont bien restées sur leur haut piédestal, mais, en ce qui me concerne, le rôle du prêtre en solennelle adoration s'est trop aisément transformé en celui - douloureusement comique - du fou bafoué» (Pe 39). Au demeurant, «que l'on tienne les femmes en haute estime ou non, personne ne pourra jamais les remplacer dans leur fonction sacrée de gardiennes et de protectrices de l'enfance» (B 33). Mais revient un temps, pour les «élus» et les «poètes», celui d'»avant la puberté» où «la jeune puissance amoureuse n'embrasse pas seulement les deux sexes, mais tout et tous, l'esprit et les sens» : le charme d'Hermine «demeurait celui de son rôle, restait hermaphrodite» (LS 166). Hermaphrodite, fruit des amours d'Hermès et d'Aphrodite (cf. le mythe platonicien de l'androgyne).

Figure mythique de la «Femme essentielle» (Pierre Solié «La femme essentielle. Mythanalyse de la Grande-mère et de ses Fils-amants «Seghers, 1980). Dans l'être intime de la créature humaine mazdéenne, la «pensée parfaite »est due à Spenta Armaiti qui est le nom propre d'une femme (Yasht XIII, 139) (cf. E. Herzfeld, «Zoroaster and his World, «I, p. 341.

Dans le domaine de la culture, une existence axée sur le seul présent et sur les nouveautés du jour est un non-sens» insupportable, car la vie de l'esprit a pour condition première une référence constante au passé, à l'histoire, aux réalités anciennes et primitives» (EM 47).

Il ne fit pas de mystère de la profonde défiance qui lui inspiraient toutes les philosophies de l'histoire» (JPV) 205). «On peut déceler dans l'ensemble de l'histoire universelle un développement et un progrès, mais aussi bien n'y voir que déchéance et absurdité (ibid. 87). C'est ainsi que Hermann «essaie d'atteindre, en avouant (ses) faiblesses et en écrivant des livres , une vision claire des choses, un réconfort, une justification et un nouvel enthousiasme, une nouvelle innocence et un nouvel amour de la vie (C 178).

Depuis des années, je m'efforce de m'expliquer au travers de mes livres, mais jamais je ne serai compris» (C 79)

Il rit « encore en dehors du monde bourgeois et réel » (C 79).

Il ne se sentirait profondément comblé que le jour où il réussirait à refléter si parfaitement la beauté du monde dans ses poèmes que, dans ces images réfléchies, il posséderait le monde lui-même, épuré et immortalisé» (Pch 11).»

L' « or véritable» est l'un des buts de l'alchimie. Il ne s'agit plus du métal, l'or est le symbole d'un état de complétude qui rassemble les éléments chthoniens et spirituels, le corps et l'âme, la lumière et l'obscurité, dans une totalité.

La vraie sublimation est dans un processus de transformation qui se produit dans l'esprit comme dans la matière et dont le but est la réunion des pôles opposés.

Sept 34 : « Pour moi la sublimation est bien, en fin de compte, un «refoulement», mais je n'emploie ce grand mot de sublimation que là où il me paraît permis de parler d'un refoulement «réussi» (...) par exemple (dans) le domaine de l'art.(BU 493).

Sa théorie de la névrose est inspirée par Nietzsche» et Hamsun. «Il est possible de considérer la névrose non comme une maladie, mais comme un processus de sublimation à la fois douloureux et extrêmement constructif» (C 43).

C'est ce que nous tenté de montrer à partir de l'exemple du héros éponyme du roman d'Alain-Fournier, «Le Grand Meaulnes», dans une communication («Le conflit entre Meaulnes n° 1 et Meaulnes n° 2», in «Dynamiques du conflit», Sous la direction de B.-M. Garreau, Actes du colloque du CRELLIC, Université de Bretagne-Sud, Lorient, 2003) dont le titre renvoie à Jung qui, dans «Ma Vie » (Gallimard, 1973), évoquant ses années d'adolescence, parle du conflit entre ses personnalités numéro 1 et numéro 2 : «L'un était le fils de ses parents ;

[...] l'autre était vieux, sceptique, méfiant et loin du monde des humains» (p. 76).»

On peut se demander si dans un certain contexte historico-culturel, il ne serait pas plus digne, plus noble et plus juste de devenir psychopathe, plutôt que de s'adapter à son époque en sacrifiant tous ses idéaux (LC 96).

Comment les pseudo-disciplines pourraient-elles rendre compte de la création littéraire ? «Mélange de lucidité et de folie» (BU 493) ? D'ailleurs, «une chimère majestueuse et surréelle regarde le lecteur dans ses moments d'inspiration» (ML 295). Les oeuvres les plus fortes sont toujours celles qui, «à travers le masque» des apparences et des comportements extérieurs - quelle que soit l'exactitude historique des costumes qui les habillent - laissent transparaître ce regard de Méduse où s'exprime l'antique énigme de la vie» (BU 303).

Tout était jeu, symbole, conte de fées, avec un sens, une dimension de plus» (LS 167). Selon Hermann Hesse, presque tous les textes en prose qu'il a écrits sont «les biographies d'une âme ; aucun ne raconte des histoires, des intrigues et des tensions ; ils sont en définitive des monologues dans lesquels - justement (une) figure mythique est considérée dans ses rapports au monde et à son propre moi. On appelle ce genre de textes des «romans ». Ce sont, en réalité, aussi peu des romans que Henri d'Ofterdingen Hyperion, «guides sacrés» de Hermann depuis son adolescence. Comprendre un texte, c'est faire surgir un modèle mythique là où n'existaient que des juxtapositions

Anselme courait à travers le «jardin vert» (CM 123) où sa mère accordait un soin tout particulier aux fleurs. Au printemps de sa vie, on comprend qu'Anselme préfère l'Iris, fleur de printemps. Il voue à Iris un «amour exceptionnel». Il aspire le parfum des pétales «aux formes et aux couleurs merveilleuses» (cf. la poudre d'Iris, insaisissable, devenue «poudre de riz» !). Personnification d'Iris dont les «petites phalanges jaunes» émergent du fond» à reflets bleuâtres». Il sait où se trouvent «ses lèvres» (124). Il regarde «au fond de sa gorge bleue» (ibid.), «crépusculaire» (126), «suave» (127). Fleur-jardin : «Une allée étroite et claire» se perd dans le calice, «ceint de sépales d'un vert brunâtre», d'un «vert pâle teinté de lilas». Le mystérieux sentier se prolonge jusqu'au coeur de «la belle». Hier encore, «une aiguille effilée, dure et bleue», s'élevait de sa «coupe verte». Les «vaisseaux où circule la vie» sont «fragiles comme le verre».

Hermann compare la vie à une partition : «Celui qui a atteint heureusement et en pleine santé l'âge de dix-sept ans, (...) s'il arrive que son existence prenne fin si tôt et ne soit pas transformée, (...) en une symphonie de Beethoven, cette existence peut néamoins avoir ressemblé à une petite musique de chambre de Haydn, ce que l'on ne peut pas dire de beaucoup de vies humaines» (SE 133).

Le peintre avait désiré «que s'établisse entre lui et le monde une relation, un courant de beauté et de force, qu'entre lui et le monde vibrât durablement quelque chose de fort et d'intime qui résonnerait comme une douce musique» (ibid. 163).

Dans le vallon bleuté, on entendit les accords d'une lointaine et délicieuse musique» (137).

Subtiles et évanescentes vibrations qui devenaient toujours plus délicates et plus irréelles» (69).

Entre les deux mesures d'un morceau joué au piano, la porte de l'au-delà se rouvrit soudain pour moi» (LS 34). «Une autre fois, mon sentiment d'angoisse prit les proportions d'une véritable maladie. L'événement s'est gravé en moi d'une façon si aigu' et si précise que j'en retrouve tous les détails pénibles et qu'il m'apparaît comme une tête de Méduse, à la fois belle et effrayante, mais plus effrayante que belle, suspendue au-dessus de toutes ces années de mon enfance romantique» (LI 22).

La profusion», «la fécondité tropicale» la richesse de Jean Paul, il faut les chercher dans toutes ces images qui renvoient «à ce que la psychologie moderne appelle l'inconscient». Chez lui, «les rapports avec l'inconscient étaient aisés comme un jeu d'enfant, il n'avait qu'à percer une fine membrane en lui pour retrouver le sol originaire de tout souvenir où la première enfance, où même la vie antérieure des hommes et des plantes avaient laissé leur empreinte» (BU 187).

La porosité de «la membrane» qui permet les phénomènes d'osmose entre le conscient et l'inconscient semble bien-être la condition «sine qua non » de l'écriture.

Hesse écrivait, à propos «de bons livres récents», que «Buddenbrook » était une de ces oeuvres que l'on en vient, au fil des années, à confondre avec ce que l'on a soi-même vécu, et que l'on peut en cela comparer à quelques grandes créations de Balzac, de Flaubert, de Tolstoï» (C 31), et de Hesse, convient-il d'ajouter.

Tout ce qui, dans *Le Loup des steppes*, «évoque la folie de notre temps», mais «ils ne voient absolument rien de ce qui est à mes yeux mille fois plus important et à quoi, de toute façon, ils ne croient pas (lettre du 4 mai 1931).

«Il faut pouvoir remplacer le culte des idoles contemporaines par une croyance. C'est ce que j'ai toujours fait : dans «Le Loup des steppes», cette croyance est représentée par Mozart, par les Immortels et par le théâtre magique : dans «Demian »et dans «Siddhartha», d'autres noms désignent les mêmes valeurs» (même lettre).

«Ce n'est pas l'histoire d'un naufrage, mais celle d'une crise et d'une guérison» (lettre du 10 mai 1945).

Ceux qui composent l'entourage de Hesse, il les a dénommés, dans «Le Loup des steppes», les immortels» : «parmi eux se trouvent Bach et Jésus, Lao Tseu et Bouddha, aussi bien que Giorgione, Corot ou Cézanne» (lettre de février 1953).

« Le Jeu des perles de verre » :

« Je n'ai jamais pensé, en écrivant ce livre, à une utopie (au sens d'un programme dogmatique) ni à une prophétie, mais j'ai essayé d'évoquer quelque chose que je considère comme une des idées authentiques et légitimes dont on peut percevoir la réalisation à des nombreux moments de l'histoire mondiale» (lettre de janvier 1944).

> «Au début, je me proposais avant tout et presque uniquement d'évoquer d'une manière tangible Castalie, la république des saints, le monastère laïc idéal, de cristalliser une idée ou, comme disent les critiques, une chimère qui existait et exerçait une influence pour le moins depuis le temps de l'Académie platonicienne» (lettre de 1949/50).

«Il m'est devenu évident que la réalité profonde de la Castalie ne pourrait se manifester d'une manière convaincante et visible que par l'entremise d'un personnage de premier plan, d'un héros et martyr spirituel, et c'est ainsi que Knecht fit son entrée au coeur du récit, personnalité exemplaire et unique (...) parce qu'avec le temps, Castalie et sa perfection retranchée du monde extérieur ne peuvent plus le contempler» (ibid.).

« Mes fictions ont toutes été composées sans qu'intervienne aucune idée préconçue, ni aucune tendance préalable. Cependant, lorsque après coup, je leur cherche un sens général, alors, sans hésiter, j'y trouve celui-ci : depuis «Camenzind » jusqu'au «Loup des steppes» « Joseph Knecht», chacun de mes livres peut être interprété comme un plaidoyer (parfois un cri d'alarme) en faveur de la personnalité et de l'individu» (lettre de mars 1954).

EXTRAITS DE LA CORRESPONDANCE ÉCHANGÉE ENTRE TH. MANN & H. HESSE

A Hermann Hesse
3 janvier 1928

«Le Loup des steppes »m'a réappris à lire».

A Thomas Mann, Munich
Baden, début de décembre 1931

«Cet état (la République allemande) inconsistant, dépourvu d'esprit est issu du vide et de l'épuisement qui ont suivi la guerre mondiale. Les quelques bons génies de cette 'révolution' qui n'en était pas une ont été mis à mort avec l'assentiment de quatre-vingt-dix-neuf pour cent de la population».

A Th. Mann
21 avril 1933

«Il me semble que nous avons en commun cette expérience spirituelle qui consiste à devoir abandonner des idées auxquelles on s'était profondément attaché et qu'on a longtemps nourries de son propre sang».

A Th. Mann
Après la Pentecôte de 1933

«Je crois que mon individualisme de même que ma résistance et ma haine à l'égard de certaines attitudes et d'une certaine phraséologie allemande constituent des fonctions dont l'exercice est non seulement profitable pour soi-même, mais rend également service à mon peuple».

A Th. Mann
Fin de 1933

«La conception de mon plan qui existe depuis deux ans et qui concerne le jeu mathématico-musical de l'esprit est en train de s'étendre au point d'embrasser une oeuvre en plusieurs volumes, voire toute une bibliothèque, projet d'autant plus beau et plus vaste dans le monde de l'imagination qu'il s'écarte davantage de la possibilité d'une réalisation».

A H. Hesse
Zurich, le 3 janvier 1934

«Votre travail en cours («Le Jeu des perles de verre») manifeste apparemment, à présent, une tendance à se fixer au stade d'un rêve qui se suffirait à soi-même, et à s'y épuiser à l'infini. Mais la vieille habitude de la mise en forme et de l'objectivation, l'instinct social de réaliser et de communiquer se feront jour, dans ce cas difficile aussi, et si tous les rêves en fleur ne mûrissent pas, du moins le produit que vous réussissez péniblement à sauver conservera-t-il les traces heureuses de sa longue gestation. En définitive, la beauté se compose surtout de quelques unes de ces traces de rêves audacieux qu'une oeuvre d'art rapporte de sa patrie spirituelle».

A Th. Mann
12 mars 1936

«J'espère reprendre le pèlerinage en Orient sans cela, il serait vraiment difficile de subsister dans ce monde dépourvu d'esprit».

Pacific Palissades, Californie,
1550 San Remo Drive
8 avril 1945

«Une telle reprise de hauteur (dans «Le Jeu des perles de verre») équivaut naturellement à l'ironie», qui malgré tout, de cet ensemble solennel et chargé de peine, fait un malicieux badinage artistique ; et ici le comique prend sa source dans la parodie de l'élément biographique et de la gravité du chercheur».

A H. Hesse
25 novembre 1947

«On voit combien l'action de cette oeuvre 'incommensurable' («Le Jeu des perles de ») est pure, haute, profonde, et l'on constate une fois de plus que rien, en somme, n'offre d'intérêt, sauf l'incommensurable».

A Th. Mann
Baden, 12 décembre 1947

Bien des pages de votre livre (*Le docteur Faustus*) dans lesquelles vous analysez la musique de Leverkuhn m'ont fait penser à un personnage secondaire du «Jeu des perles de verre», à Tegularius chez qui l'art de pratiquer ce jeu avait parfois une tendance à s'achever dans la mélancolie et l'ironie, bien que sa pensée ait suivi une voie qui semblait des plus légitimes».

A H. Hesse
même adresse. 14 octobre 1951

«Quelle excellente lecture, vraiment attachante vos lettres' ! Dès notre retour, j'ai pris le volume («Briefe, 1951-1964) parmi cinquante autres accumulés ici. (...) Tout cela est si réconfortant - émouvant dans son mélange de refus et de compréhension bienveillante, limpide par la langue comme par l'esprit (mais c'est sans doute la même chose), plein d'une sagesse douce et pourtant virile, obstinée, qui est la foi dans l'incroyance, la confiance dans le désespoir sceptique».

N.B. - Les lettres de Th. Mann ont été publiées chez Gallimard :
1889-1936, en 1966 ;
1937-1947, I en 1970 ; II en 1970 ;
1948-1955, en 1973.

« Zoroastre, Lao Tseu, Platon, Xénophane, Pythagore, Albert le Grand, Don Quichotte, Tristran Shandy, Novalis, Baudelaire ont été au nombre des fondateurs de notre ordre» (V.O., p. 83).

L'un des personnages de Mircea Éliade souligne que «l'homme, l'homme parfait n'est pas une abstraction et ne peut pas être une utopie. Que cela nous plaise ou non, cet homme parfait a existé plusieurs fois sur terre et nous n'avons aucune raison de penser qu'il ne réapparaîtra plus. L'homme parfait n'est pas un summum, il n'est pas un aboutissement. Il peut se révéler à n'importe quelle époque, bonne ou mauvaise. Il relève son apparition «juste après l'avènement du Christ», au début du XXème siècle, «mais également avant Jésus, à l'époque de Bouddha, par exemple, ou à celle des tragiques grecs...» (p. 167-8). *Les Hooligans*, Éditions de l'Herne, 1987.

Hermann Hesse écrivait en 1931 : «Je crois aux lois de l'humanité, vieilles de plusieurs millénaires, et je crois qu'elles survivront à tous les troubles de notre époque» (lettre du 4 mai) et, en 1952 (avril), il signalait que les sources auxquelles il avait puisé ses connaissances appartenaient toutes à cette époque où l'humanité a montré «les plus grandes capacités dans le domaine de la pensée», entre le IX» siècle et le IV siècle avant J.-C. «Les Upanishads, depuis I Ging jusqu'à Tschuang Tse, ensuite les philosophes grecs jusqu'à Socrate y compris, voilà à peu près le monde auquel je fais allusion» (ibid.).»

Hesse ne nous écarte jamais du coeur intérieur. Les formules mystiques, la ligue, toutes ces frappantes intellectualisations sont vides de sens, si on ne brûle pas intérieurement. Et la flamme est toujours là, dedans, dehors, tout autour de nous. Notre travail c'est de rester dans son feu» (Timothy Leary, «La Politique de l'extase», Fayard, 1973).

«Le génie de Hesse est d'avoir su objectiver ses crises propres, d'avoir réussi à les exprimer en oeuvre d'art dans lesquelles les autres hommes se sont immédiatement reconnus, par l'universalité du message que Hesse leur a communiqué, tel un Hermès de la condition humaine» (Edwin Casebeer, «Hermann Hesse. De «Siddhartha» au «Jeu des perles de verre». Traduction et présentation par Michel Meyer. Pierre Mardaga, Bruxelles, 1984, p. 17).

Hesse n'a pas recueilli l'assentiment des intellectuels «légitimateurs de configurations socio-politiques» (ibid., p. 8).

Hesse ne cessera jamais de placer la culture plus haut que tout et, par culture, «il faut entendre les formes suprêmes de l'esprit qui vise à l'unification du Tout et partant à une définition adéquate de l'homme dans le monde» ; ce souci de transcendance doit permettre à l'homme «d'accéder au soi, à l'unité de la personne par-delà tous les clivages» qui la conditionnent (ibid., p. 14). On pense au processus d' « individuation», cher à Jung. Dans la réconciliation des opposés, il y a quelque chose «qui nécessite comme un retour à l'innocence de l'enfance où contemplation et action s'intègrent harmonieusement» (ibid., p. 19).

«Ces derniers jours, j'ai lu le soir dans la «Rundschau »la nouvelle de Hesse «Le Faiseur de pluie», qui provient de ce grand ensemble de rapports qu'il a plusieurs fois traité. Elle est bien travaillée et parle du caractère primitif d'une manière humaine sans le magnifier» (Th. Mann, «Journal, 1918-1921 ; 1933-1939», Gallimard, 1985, p. 367 ; 6 mai 1934).»

ŒUVRES DE HERMANN HESSE TRADUITES EN FRANÇAIS

Calmann-Lévy : CL
Corti : C

Berthold, CL, 1977 (B).
La Bibliothèque universelle, C, 1995 (BU).
Contes merveilleux, CL, 1992 (CM).
La Conversion de Casanova, CL, 1980 (CC).
Correspondance H. Hesse-Th. Mann, C, 1997 (C).
Le Curiste, CL, 1995 (LC).
Demian, Stock, 1946 (D).
Le dernier été de Klingsor, CL (1920) 1978 (DEK).
Description d'un paysage, C, 1994 (DP).
Enfance d'un magicien, CL, 1975 (EM).
Fiançailles ; CL, 1986 (F).
Frères du soleil, CL, 1976 (FS).
Gertrude, CL 1962 (G).
Knulp, CL, 1972 (K).
Le Jeu des perles de verre, CL, 1978 (JPV)
La Leçon interrompue, CL, 1978 (LI).
Lecture minute, C, 1992 (LM).
Lettres, 1900-1962, CL, 1981 (L).
Le Loup des steppes, CL, (1927), 1979 (LS)
Magie du livre, C, 1994 (ML).
Musique, C, 1997 (M).
Narcisse et Goldmund, CL (1930), 1979 (NG).
Peter Camenzind, CL, 1979 (Pe).
Une petite ville d'autrefois, CL, 1979 (PVA).
Poèmes choisis, C, 1994 (PC).
Le Poète chinois, CL, 1982 (P Ch).
Rosshalde, CL, 1971).
Souvenirs d'un Européen, CL, 1988 (SE).
Le voyage à Nuremberg, CL, 1994 (VN)
Le Voyage en Orient, CL, 1948, (VO)
Voyages en Italie, C, 1992, (VI).

BIBLIOGRAPHIE

Alain-Fournier, *Le Grand Meaulnes*, Nizet, 1983 (GM).

Bachelard, *L'Air et les songes,*Corti, 1943 (AS).
*L'Eau et les rêves,*Corti, 1942 (ER).
La Poétique de l'espace, PUF, 1957 (PE).
La Psychanalyse du feu, Gallimard, 1949 (PF).
La Poétique de la rêverie, PUF, 1960 (PR).
Le Terre et les rêveries du repos, Corti, 1948 (TRR).

Edwin Casebeer, *Hermann Hesse, De « Siddharta » au « Jeu des perles de verre »*, Mardaga, 1972.

Mircea Eliade, *Images et symboles,* Gallimard (1952), 1960 (IS).

Gilbert Durand, *Figures mythiques et visages de l'oeuvre,* Berg, 1979 (FM).
Les Structures anthropologiques de l'imaginaire, PUF, 1960 (SAI).

Bertrand Lévy, *Hermann Hesse*, José Corti, 1972.

Michel et Jacqueline Sénès, *Hermann Hesse le Magicien*, Hachette, 1989.

TABLE

Critique et études littéraires
aux éditions L'Harmattan

Dernières parutions

MUSSET
La leçon des proverbes
Dufief-Sanchez Véronique
L'exemple concret de trois proverbes, un en vers, *Les Marrons du feu*, et deux en prose *Il ne faut jurer de rien* et *Il faut qu'une porte soit ouverte ou fermée*, permet de découvrir le théâtre en liberté que Musset a pratiqué à sa façon en inventant littéralement un nouveau genre littéraire : le proverbe. La gageure poétique et dramatique que tient ici Musset est de défaire le dire pour le refaire à neuf dans sa polyphonie.
(Coll. Critiques Littéraires, 16.50 euros, 170 p.)
ISBN : 978-2-343-05154-3, ISBN EBOOK : 978-2-336-36781-1

TRANSFORMER LE MONDE PAR LE LANGAGE
Entretiens avec Michel Butor
Biglari Amir, Butor Michel - Propos recueillis par Amir Biglari
Auteur d'une œuvre colossale, riche et diversifiée, Michel Butor est l'un des écrivains majeurs de la deuxième moitié du XXe siècle et du début du XXIe siècle. À l'occasion de ces séances d'entretiens avec Amir Biglari, Michel Butor, romancier, poète, essayiste, critique et témoin privilégié de la science littéraire de ces dernières décennies, aborde différents sujets en mettant l'accent sur maints détails inédits.
(23.00 euros, 232 p.)
ISBN : 978-2-343-05223-6, ISBN EBOOK : 978-2-336-36675-3

« JE SUIS UN VRAI DIABLE »
Dix essais sur Strindberg
Balzamo Elena
Plus d'un siècle après la mort d'August Strindberg (1849-1912), un des fondateurs du théâtre moderne, ses pièces continuent à fasciner le public, en Suède, et dans le monde entier. Leur célébrité occulte parfois les autres pans de son œuvre, car il était également romancier, poète, polémiste, historien, adepte des sciences et un épistolier inégalable. Ces essais projettent une lumière nouvelle sur son théâtre et ses œuvres phares : *Mademoiselle Julie, Le Songe, La Danse de mort...*
(Coll. Espaces Littéraires, 23.00 euros, 230 p.)
ISBN : 978-2-343-04438-5, ISBN EBOOK : 978-2-336-36694-4

MIRACLE DE JEAN GENET
Brami Brigitte
Inclassable et dérangeant, *Miracle de Jean Genet* n'est pas un ovni. C'est une exégèse sans les murs, sans l'académisme universitaire habituel. C'est un long poème écrit par une captive amoureuse aussi déjantée qu'érudite ; c'est une bombe littéraire sans retardement, tout comme on a parlé de la « bombe Genet » (Jean Cocteau) au sujet de l'auteur de *Miracle de la rose*. Le *Miracle de Jean Genet*, c'est celui de la poésie qui pulvérise tous les paradigmes éculés, fait voler en l'éclat les flicages quels qu'ils soient, y compris ceux de la pensée.
(Coll. L'écarlate, 19.00 euros, 198 p.)
ISBN : 978-2-343-04003-5, ISBN EBOOK : 978-2-336-36618-0

ÉCRIRE LA FAIM
Franz Kafka, Primo Levi, Paul Auster
Danflous Séverine
Préface de Jean-Yves Masson
Qu'est-ce qu'écrire la faim ? Comment la littérature peut-elle répondre à une situation aussi extrême que celle d'un homme qui meurt de faim ? Franz Kafka, atteint par une tuberculose, s'est condamné à changer sa souffrance physique et personnelle en texte. Primo Levi, lui, tâche de reconstruire les voix englouties dans les camps et d'en répercuter un son à travers son témoignage. Paul Auster, enfin, acclame le pouvoir d'une littérature qui laisse parler les ventres creux et les êtres abandonnés.
(22.00 euros, 222 p.)
ISBN : 978-2-343-04871-0, ISBN EBOOK : 978-2-336-36674-6

EXTRAVAGANCES
Écarts et normes dans les textes grecs et latins
Textes réunis par Paul-Augustin Deproost (éd.)
En son étymologie, l'extravagance est une errance, une sortie de route, comme le délire, elle trouve des résonances profondes dans l'imaginaire antique en perpétuelle tension entre l'écart et la norme. Voici explorées plusieurs manifestations de cette tension, essentiellement à travers le témoignage des textes littéraires (telles les aberrations des *Saturnales* ou l'omniprésence de la marginalité dans la mythologie et l'expression du sacré). Parallèlement à ce volet anthropologique, le concept d'extravagance est analysé dans les modes d'écriture antiques.
(Coll. Structures et pouvoirs des imaginaires, 35.00 euros, 338 p.)
ISBN : 978-2-343-04746-1, ISBN EBOOK : 978-2-336-36576-3

POÉTIQUE DE LA VOIX EN LITTÉRATURE DE JEUNESSE
Le racontage de la maternelle à l'université
Martin Serge
L'ouvrage emprunte la notion de «racontage» à Walter Benjamin et à son texte célèbre de 1936 : Le raconteur. Pour ce faire, il ouvre les études littéraires à un corpus destiné à la jeunesse. Aussi, cet ouvrage promeut-il une oralité de l'écriture trop souvent réduite aux paroles des personnages, en exigeant de reconfigurer la didactique de la littérature, trop assujettie aux vulgates narratologiques ou

moralisatrices. Il propose enfin de suivre le plus possible les voix de l'écriture et les expériences de lecture en refusant les cadres interprétatifs définitifs.
(Coll. Enfance et langages, 34.00 euros, 530 p.)
ISBN : 978-2-343-04813-0, ISBN EBOOK : 978-2-336-36747-7

ŒUVRE (L') DE JUAN JOSÉ SAER
Unité, cohérence et fragmentation
Laurent Pénélope
Préface de Milagros Ezquerro
Les textes de l'écrivain argentin Juan José Saer (1937-2005) construisent une œuvre unique à partir d'un processus typiquement balzacien, donnant l'impression de créer une comédie humaine. Mais la fragmentation, qui traverse l'ensemble du corpus, le rapprocherait du Nouveau Roman. La «Théorie négative» de Saer, qui lui permet d'écrire contre certains modèles perçus comme «totalitaires», s'articule de façon cohérente avec la place importante qu'il laisse au lecteur.
(Coll. Recherches Amériques latines, 18.00 euros, 186 p.)
ISBN : 978-2-343-04711-9, ISBN EBOOK : 978-2-336-36713-2

TERRITOIRES DES DEUX RIVES
Imaginaires et identités en Espagne et en Amérique latine
Hommage à Jean Franco
Sous la direction de Francisco Campuzano
Cet hommage à Jean Franco, composé de 22 contributions de chercheurs hispanistes et américanistes, se compose de deux parties, la première consacrée à la langue et à la littérature, la deuxième à l'histoire et aux sociétés. Quels sont les facteurs de changement ou d'évolution dans les périodes charnières ? Comment s'expriment les crises dans la création et dans les sociétés hispanophones ? Peut-on parler d'une esthétique du chaos dans la littérature écrite en espagnol ? Existe-t-il une écriture diasporique dans ces littératures ?
(35.50 euros, 350 p.)
ISBN : 978-2-343-04999-1, ISBN EBOOK : 978-2-336-36531-2

TRANSGRESSION ET IDENTITÉ AUTOFICTIONNELLE DANS L'ŒUVRE DE RACHID O.
L'Enfant ébloui, Plusieurs vies, Chocolat chaud* et *Ce qui reste
El Achir Khadija
Rachid O., auteur marocain francophone, exprime par son écriture le désir assouvi et le tabou homosexuel transgressé à travers les réminiscences de l'enfance, qui servent de filtre à son imaginaire d'écrivain. Rachid O. renouvelle le champ littéraire marocain en offrant une écriture dénuée d'artifice qui dit qui il est.
(Coll. Homotextualités, 14.00 euros, 140 p.)
ISBN : 978-2-343-04071-4, ISBN EBOOK : 978-2-336-36700-2

LITTÉRATURE FRANCOPHONE DU MAGHREB
Imaginaire et représentations socioculturelles
Ahnouch Fatima - Préface de Marta Segarra
La plus grande partie du présent ouvrage est consacrée à Assia Djebar. Les oeuvres de Leïla Sebbar, Leïla Houari, Rita El Khayat, Fatema Mernissi, Yasmine Chami

Kettani, Nabile Farès, Abdelhaq Serhane et Abdelkébir Khatibi y sont traitées à titre comparatif.
(Coll. Espaces Littéraires, 30.00 euros, 294 p.)
ISBN : 978-2-343-03988-6, ISBN EBOOK : 978-2-336-36690-6

CONTEXTES, EFFETS DE CONTEXTE ET DIDACTIQUE DES LANGUES
Sous la direction de Béatrice Jeannot-Fourcaud, Antoine Delcroix et Marie Paule Poggi
La contextualisation didactique en tant que champ émergent revisite les objectifs inhérents aux situations d'enseignements/apprentissage. Comment le contexte interagit-il avec l'acte d'enseignement ? Les réflexions se centrent sur l'ajustement de l'enseignement aux spécificités de l'apprenant. Comment identifier les paramètres qu'il convient d'intégrer dans le processus didactique ? Voici une approche contextualisée dans le domaine de la didactique des langues.
(Coll. Logiques sociales, 17.50 euros, 276 p.)
ISBN : 978-2-343-04049-3, ISBN EBOOK : 978-2-336-36569-5

DES PAROLES, DES LANGUES ET DES POUVOIRS
Romain Colonna (éd.)
Cet ouvrage explore la manière dont, dans des espaces sociaux diversifiés, le langage constitue un instrument de pouvoir, de non-pouvoir et de contre-pouvoir. Ces contributions s'efforcent de comprendre les processus sociaux complexes qui font du langage un terrain de lutte, de consensus ou encore de construction de la différence. À ce titre, langues et langages contribuent à structurer nos sociétés et les individus qui la composent, dévoilant alors les tensions et des rapports de pouvoir.
(Coll. Espaces discursifs, 26.00 euros, 252 p.)
ISBN : 978-2-343-04951-9, ISBN EBOOK : 978-2-336-36480-3

ARABE (L') MODERNE
Péripéties et enjeux
Sous la direction de Nejmeddine Khalfallah
Cet ouvrage propose une description diachronique de l'arabe moderne en continuelle mutation et en examine certains aspects structurels et sémantiques. Les auteurs y mettent en évidence les principaux facteurs qui ont déclenché son émergence, tels que la presse arabe, le renouveau de la littérature, l'apparition des médias transfrontaliers ou les enjeux géopolitiques grandissants. Ils étudient également les continuités et discontinuités de cet arabe médian sur les plans phonétique, morphologique, syntaxique et sémantique.
(40.00 euros, 424 p.)
ISBN : 978-2-343-04905-2, ISBN EBOOK : 978-2-336-36578-7

L'Harmattan Italia
Via Degli Artisti 15; 10124 Torino
harmattan.italia@gmail.com

L'Harmattan Hongrie
Könyvesbolt ; Kossuth L. u. 14-16
1053 Budapest

L'Harmattan Kinshasa
185, avenue Nyangwe
Commune de Lingwala
Kinshasa, R.D. Congo
(00243) 998697603 ou (00243) 999229662

L'Harmattan Congo
67, av. E. P. Lumumba
Bât. – Congo Pharmacie (Bib. Nat.)
BP2874 Brazzaville
harmattan.congo@yahoo.fr

L'Harmattan Guinée
Almamya Rue KA 028, en face
du restaurant Le Cèdre
OKB agency BP 3470 Conakry
(00224) 657 20 85 08 / 664 28 91 96
harmattanguinee@yahoo.fr

L'Harmattan Mali
Rue 73, Porte 536, Niamakoro,
Cité Unicef, Bamako
Tél. 00 (223) 20205724 / +(223) 76378082
poudiougopaul@yahoo.fr
pp.harmattan@gmail.com

L'Harmattan Cameroun
BP 11486
Face à la SNI, immeuble Don Bosco
Yaoundé
(00237) 99 76 61 66
harmattancam@yahoo.fr

L'Harmattan Côte d'Ivoire
Résidence Karl / cité des arts
Abidjan-Cocody 03 BP 1588 Abidjan 03
(00225) 05 77 87 31
etien_nda@yahoo.fr

L'Harmattan Burkina
Penou Achille Some
Ouagadougou
(+226) 70 26 88 27

L'Harmattan Sénégal
10 VDN en face Mermoz, après le pont de Fann
BP 45034 Dakar Fann
33 825 98 58 / 33 860 9858
senharmattan@gmail.com / senlibraire@gmail.com
www.harmattansenegal.com

L'Harmattan Bénin
ISOR-BENIN
01 BP 359 COTONOU-RP
Quartier Gbèdjromèdé,
Rue Agbélenco, Lot 1247 I
Tél : 00 229 21 32 53 79
christian_dablaka123@yahoo.fr

Achevé d'imprimer par Corlet Numérique - 14110 Condé-sur-Noireau
N° d'Imprimeur : 125566 - Dépôt légal : janvier 2016 - *Imprimé en France*